# 自分を操る

アテネオリンピック体操競技
団体総合金メダリスト
冨田洋之

産業編集センター

# はじめに

２００４年のアテネオリンピックは、私の体操競技人生の中でも重要な意味を持つ大会であり、この舞台を目指して練習を積み重ねてきました。

そして、男子団体決勝の最終種目、私が鉄棒の演技をした際、ＮＨＫの刈屋富士雄アナウンサーの、「伸身の新月面が描く放物線は、栄光への架け橋だ」という実況は、広く日本で知られることになりました。

私にとっては初めてのオリンピックの金メダルでしたが、男子団体総合で日本としての金メダルは、１９７６年のモントリオールオリンピック以来のもので、多くの方が「体操ニッポン」の復活と喜んでくれました。

ところが、あの演技の前、私はそれまでに経験したことのない状況に陥っていたことを知るのは、限られた人たちです。

メダルの色が決まる演技がもうすぐ始まるというのに、私は演技に必要のない余計なことにとらわれ、まったく集中できていなかったのです。

もしも、そのまま演技していたとしたら、ミスが起きた可能性は高かったでしょう。わずか数分のことでしたが、私は危機的な状況を脱し、しっかりと演技に向き合うことができたのです。

今回、本を出版する機会をいただき、アテネでの経験をはじめ、いろいろなことを思い出しながら、自分の体操競技人生を振り返っていきますが、少しでもみなさんの人生に参考になるようなことがあればいいな、と思っています。

## 体操の見方のヒントにも

本来、私が取り組んできた技の難易度や美しさ、安定性などを競うことを「体操競技」と呼びますが、今回の本では読みやすさを重視して、「体操」と書き進めていきたいと思います。

そのうえで、この本ではテレビで見るときに役立つ体操の楽しみ方についてもぜひ触れていきたいと思っています。

本来は、2020年に東京オリンピックが開催されていたはずですが、新型コロナウイルスの影響によって延期を余儀なくされてしまいました。

体操の世界にとって、オリンピックの体操は競技の魅力を伝える最高の機会です。選手たちはこの大会に照準を合わせ、最高の演技を披露します。もちろん、失敗もあります。

読者のみなさんは、オリンピックのときだけ体操を見るという方も多いと思いますが、選手と同じようにオリンピックに合わせて「観戦力」を高めてみてはいかがでしょうか。次のオリンピックをきっかけに、選手たちの特徴をつかんでもらいつつ、今回は「ここを押さえておけば」というポイントをご紹介できればと考えています。

男子でいえば、ゆか、あん馬、つり輪、跳馬、平行棒、鉄棒にはそれぞれの演技のポイントがあり、それを知れば、体操の見方が変わってくるはずです。

また、日本では伝統的に、ひとりが6種目を演技し、合計点で競い合う個人総合を重視する流れがあり、これまでに多くの「オールラウンダー」を輩出してきました。しかし、私が現役時代を過ごした2000年代にはルール変更の影響もあり、数種目、あるいはひとつの種目に特化した「スペシャリスト」が台頭してきた時期でもありました。

そして現在では、各種目が進化してきたこともあり、6種目を満遍なくこなすオールラウンダーは少なくなってきています（特につり輪を得意とするオールラウンダーは珍しくなりました）。

体操は他のスポーツと比べ、ルールの変更が多い競技でもあります。こうしたルールの変化を知ることで、より体操を楽しんでいただけるのではないかと思います。

## 指導のヒントにも

私は順天堂大学で指導者として端緒についたばかりではありますが、今回の本では「コーチング」についてもページを割きたいと思っています。

特にコロナ禍によって2020年から2021年にかけて、インターハイ（全国高等学校総合体育大会）の中止をはじめ、様々な大会の延期、中止が相次ぎました。

私の身近なところでは、順天堂大学の学生への指導法に大きく影響が出ており、学生たちに対して直接指導ができなくなりました。私のほうからは、「この時期はこのトレーニングを」と練習メニューの提示はしますが、現場で練習を見ることができません。

学生のほうからはこんな練習をやりましたという報告は上がってくるものの、基本的には本人任せの時期が長く続きました。

そして直接指導を再開したときに、きっちり取り組んでいた選手と、そうでない選手に分かれてしまっていました。

ただし、練習が思ったように進められなかった選手がダメかというと、そう単純な話ではなく、環境や、性格が関わってきます。うまく練習時間が取れなかった選手がいたとするなら、「この選手は、前もって準備期間を長く取らないといけないな」と思いますし、メニューを自分なりにこなしていた選手については、集中して物事に取り組める人間なんだな、という発見がありました。

また、大会がどんどん中止、延期になっていく中で、「モチベーションが上がらない」とか、「なにを目標にしていいのかわからない」という声もあり、指導者としてどういった言葉がけ、動機づけをするかが試された期間でもありました。

私の個人的な考え方ですが、体操は自分と向き合う競技です。コロナ禍では自分と対話せざるを得ない状況になったことで、学生たちには新たな発見があったことを願うばかりです。それができた選手は全体練習再開後に成長が見られた気がします。

また、大会運営も大きく変わりました。

試合前日、試合前の練習のルーティーンも変わり、試合でも、これまではゆかからあん馬、つり輪というように器具がある場所に移動しながら演技を行っていましたが、感染対策を考慮して、会場の隅のほうに選手たちの指定席が設けられ、そこから演技場所へと向かい、終わったらそこに戻って着席するというスタイルで行われました。

また、競技会が再開した当初は、演技しているとき以外はマスクを着用しなければならず、演技が終わってすぐにマスクをつけるというのは、心拍数がかなり上がった状態では苦しかったはずです。

コロナ禍は、スポーツの光景を変えつつあります。大学生が競うインカレ（全日本学生選手権）は、各校の応援団が声を出して試合を盛り上げ、会場は独特の雰囲気に包まれます。ところが、基本的に応援はしないように、と通達が出ているので、スタンドがしーんとしていました。

いつもの賑やかな応援がなくなると、どうなるか。団体戦を戦っているのに、チームで戦っている感じがまったくせず、個人個人が戦っているような雰囲気になってしまいます。部全体で戦う団体戦の良さが消えてしまったような感じで、早く元通りになってくれればと思わざるを得ませんでした。

選手からすれば、慣れてしまえば……という感覚はあるかもしれませんが、いい伝統はしっかりと復活させたいなという思いがあります。

## 映像文化の発達

元通りになってほしいものもあれば、否応なく変化していくものもあります。

特に、現代は映像文化の発達によって選手たちの発想や競技に対するアプローチが大きく変化してきているからです。

私が現役時代、ビデオは存在しましたが、日常的に練習に活用することは稀でした。ところが、21世紀に入って生まれた選手たちの場合、小さい頃から映像で自分の演技を確認することが当たり前です。熱心な親御さんだと、ジュニア時代から、すべての競技会の演技の映像を保存していることもあります。

いま、YouTubeなどのSNSでは世界中の選手たちの練習映像、そして過去の演技の映像を見ることができます。お手本が手のひらの中に収まっているのです。その意味では、選手たちは宝箱をひとり一台、手にしているようなものかもしれません。ですが、私は便利さゆえに失われてしまうものがあると思っているのです。

自分の演技を、どう感じたか。その感覚。

そしてそれをどう言葉で表現し、自らにフィードバックしていくのか。

感覚、言葉といったものは映像に比べて曖昧なものかもしれませんが、そこに選手の成長のヒントが隠されていると信じていることもあり、言葉の大切さについても書いていきたいと思っています。

新型コロナウイルス禍や、メディアの発達によって、人の価値観が大きく変わろうとしていますが、私は体操には「不変の価値」を持つものがあると信じています。

私なりにその価値をもう一度整理し、みなさんと共有できたらうれしく思います。

Contents

## 第2章

# 突如襲った緊張と、栄光への架け橋と

## 第3章 モチベーションとメンタルについて



## 第4章 ゴールを設定する力

## 第5章 体操を見る醍醐味

## 第6章 教えることについて考える

# 第7章
# 新時代の体操競技

# 第1章

# 金メダリストが誕生するまで

## なんとなく始めた体操教室

私が体操を始めたのは8歳、小学2年生のときです。自分から積極的に通い始めたというわけではなく、近所の友だちが体操クラブに行きたいと言っていたので、それについて行った感じです。

正直なところ、一度見学に行っても、あまり通いたいとは思いませんでした。それでも、「友だちも通うんだから、一緒にやってみたら」と親に説得され、軽い感じで体操生活がスタートしました。もしも、このときに親に勧められなかったとしたら、自分の人生がどうなっていたかはわかりません。

体操教室に通い始めた小学校低学年の子どもは、鉄棒であれば逆上がり、とび箱であれば開脚とびなど、本当に簡単な技からスタートします。金メダリストたちも、いきなりすごい技ができたわけではありません。誰しも、最初は学校の体育で習うマット運動やとび箱などと同じ内容からスタートします。このあと、私はどんどん体操にのめり込んでいき、選手、そして指導者として関わるようになってきたわけですが、いま、親御さんたちから、「幼少期に体操クラブで身につけたことで良かったことはなんですか？」という質問をよく受けます。

すべての人に当てはまるわけではないのですが、私が感じているのは、体操に限らず、幼少期に運動やスポーツに触れると、「感覚」の部分が磨かれるということです。

競泳のオリンピック代表選手の経歴を聞いてみると、「ベビースイミングから始めました」とか、「幼稚園の年少組からクラブに通っています」という答えが返ってきます。水泳の場合は3歳から5歳くらいまでの幼少期の水中感覚が、その後のキャリアに影響していくと考えられているようです。

体操にも、そうした感覚はあります。幼少期から体操で養われるのは、空中感覚です。

体操の基本である前転、後転といった動きも大切ですが、これは家の中でも養える感覚です。体操教室でしか得られない感覚が、空中感覚でした。

中でも、トランポリンは空中感覚を養うのに最適な器具です。まずは垂直に跳ねることからスタートしますが、トランポリンで跳ねるには、体幹にグッと力を入れないとジャンプできません。ところが、「体の中に力を入れて」と教えなくても、子どもたちは自然と体の使い方を覚えていきます。

ジャンプができるようになり、ある程度高さを出せるようになると、空中で回ることにチャレンジするようになります。空中でクルッと回れると、子どもは体験したことがない感覚を味わうわけですから、うれしいですし、ここを境にして世界が大きく変わったように感じるはずです。

幼児期から小学生にかけて、クラブや教室でスポーツに親しむ目的として、こうした「家では体験できないこと」を中心に考えてみたらいいのではないかと思います。

体操でいえば、空中で回転する感覚は普段の生活では絶対に味わえない感覚ですから、クラブ内でいろいろな体験をすれば、「体を使って動くことが楽しい」と子どもに感じてもらうことができます。そして、選手として将来を見据えた場合も、幼児期から小学生のときに得た感覚が重要になってきます。

たとえば、世界選手権のゆかと跳馬で金メダルを獲得している白井健三選手の場合、ご両親が体操クラブを営んでいたこともあり、身近に体操器具があったことが選手としての強みを作ったのは間違いありません。つまり、彼にとっては家にある遊び道具が体操の器具だったのです。小さい頃から器具を使って遊び、どんどん技にチャレンジしていくことが楽しくて仕方がなかったに違いありません。

ただし、1980年生まれの私の世代ではトランポリンやタンブルトラック（長いトランポリン）は一般的ではありませんでした。私が体操教室に通っていた1990年代だと、それらは場所を取るということ、そして安全管理の観点からも、子どもたちからなかなか目を離せないということで、それほど普及していなかったと思われます。私も小学生の段階からトランポリンやタンブルトラックに親しんでいたら、また違った体操選手になっていたかもしれません。

その後、空中感覚を養うことが重視されるようになり、クラブでもトランポリンやタンブルトラックが導入されるようになってきました。指導者のほうでは、安全面に配慮しながら、空中感覚を養う目的で、練習の中に組み込んでいくようになったわけです。器具ひとつとってみても、ずいぶん考え方が変わってきたわけで、体操界の指導は進化を続けています。

# 上達の原点は「真似ること」

当初は、習い事という感じで体操教室に通っていましたが、小学校の学年が上がるにつれて、体操の面白さを感じ、いろいろチャレンジしてみたいという欲が出てくるようになりました。それは、上級生の練習を見るようになってからです。

バク転、宙返りを自在にやっている姿を目の当たりにして、「カッコいいな。自分でもやってみたい」という思いが自然に芽生えてきたのです。それまでもとび箱や鉄棒は得意なほうでしたが、「こんなことができるのか」という驚きというか発見があり、自分でもチャレンジしたくなったのです。そう思ってからは、教室が始まる時間の前から、安全なふわふわのマットの上で見よう見まねで技に挑戦していた記憶があります。

この体験には、体操の上達に必要な要素が含まれていました。

憧れる。

同じように、カッコいい技をやってみたい。

とりあえず、やってみよう。

振り返ってみると、子どもの頃だけに限らず、自分の成長には他者の存在が欠かせなかったと思います。体操では「見よう見まね」が大切ですから、周りに上手な人がいると、自然とイメージのレベルが上がっていくのです。その意味で、友だちと接する場というのは、体操に限らないとは思いますが、子どもの成長に大きな影響を与えるのではないでしょうか。私の場合、小学生のときは先輩が意欲を刺激してくれたのです。

体操教室では、小学生を指導するにあたっての進級制度があります。私の場合、教室のカリキュラムがバク転に入る前に、ふわふわのマットの上で、ぐちゃぐちゃな感じではありましたが、なんとかバク転ができるようになりました。小学校低学年でしたが、先輩たちの腕の振りやジャンプの仕方を観察して、自分なりに試行錯誤していたら、後ろへの回転ができていたというような感じです。

この習得の流れは、大人になっても大きくは変わりませんでした。やってみたい技の真似から入り、だんだんと自分で成功のポイントを探り当てていく。それが中学生くらいになると、「もっとうまくできるようにしたい」とか、「もっときれいに技ができないだろうか」と考えるようになり、「形」を追求していくようになります。真似から脱却し、オリジナリティが生まれ始めるのはこの段階です。

世の中では「真似」というと、ややネガティブな意味で使われることがありますが、体操では「真似ること」が上達の原点なのです。真似ることから始まって、自分の演技が生まれていくのです。

## 成長に必要な時間

技をマスターするには、それなりの時間が必要です。スポーツに限らず、語学の習得やビジネスの世界でも、合計1万時間をかけると、その世界でトップになれる――という話を聞いたことがあります。体操でも、時間をかければ技を習得するチャンスは膨らみますが、では、いったいどれくらい時間をかければいいかというと、年齢にもよりますし、これだという正解はありません。

私の場合、小学生のときは週に4回ほど教室に通っていたと記憶しています。それが中学生になって、週5回の練習になりました。

また、女子の場合は高校生くらいで全日本レベルまで達する選手がいるため、中学生である程度練習量を確保する必要があります。週6回、いや、毎日練習というクラブも珍しくないかもしれません。

人間というものは、どうしても成功例に目を奪われてしまいがちですから、成功した選手のように「毎日練習したほうがいいのでは？」と考える人もいるでしょう。ただ、私はジュニア期については、現実的ではないと考えます。女子の場合、オーバーワークがたたって、摂食障害、生理不順などの事例も報告されています。身体機能を損なうほどまで練習をするべきではない、というのが私の考えです。これは日本だけではなく、世界的にも課題になっています。

週7回、ひとつの競技一本に絞ってしまうよりも、ジュニアの時期、中学生くらいまでは、いろいろな競技に触れることも大切かなと思っています。

## 基礎を重視していた中学時代

自分のことを振り返ってみると、私は中学時代まで全国レベルでは結果を残してはいません。長じて、アテネオリンピックで一緒に金メダルを獲得する鹿島丈博《たけひろ》は同じクラブの同級生でしたが、彼のほうが一歩も二歩も先んじていたような形でした。

私の場合、中学時代はあまり器用ではなく、体操の基礎といわれている簡単な動きを中心に取り組んでいました。私が通っていたマック体操クラブはもともと基本を大切にする指導方針でしたが、中学生であっても能力が高い選手に対しては、無理のない範囲でどんどん技に取り組んでも良いというスタンスを取っていました。ただ、私はそこまでたどり着くような選手ではなく、じっくり基本に取り組んでいました。それゆえ試合で点数が伸びるようなことはなく、成績もふるわない状態でした。

その点、一緒に練習していた鹿島の能力は図抜けていて、彼こそは私が「すごい人がいる」と思った最初の選手でした。

鹿島は中学時代からどの大会に行っても優勝するような選手でしたが、クラブでもいろいろな技にどんどんチャレンジしていき、それを着実に身につけていった選手でした。それこそ、日本でいちばん上手な中学生です。

同学年のトップの選手が身近にいることが、私にとってはプラスに働きました。ただ、私には「鹿島に追いつかなければ」といった焦りもなく、自分ができることに集中していました。難易度の高い技に挑戦するというよりは、「この技は、もっとうまくできるはずなんだけどな」、「ここで、こうやったらどうなるんだろう?」ということを考えていたのです。それはつまり、自分が取り組んでいる技が、確実にできていないという感触がいつもあったのです。おそらく、この段階をクリアしていれば、鹿島が取り組んでいたような技にチャレンジしようという欲求も出てきたのでしょうが、中学生の段階ではそこまで到達はできませんでした。

小学生、中学生の段階では、スポーツに限らず、他者との相対的な比較の中で、自分の位置を確かめることが多くなります。他の人の進みが早ければ、焦りも生まれます。本人よりも、親御さんが焦ってしまう場合さえあります。この時期の自分が良かったな、と思うのは他者との比較で焦りを覚えることはなく、あくまで自分の感覚にこだわっていたことです。とにかく、納得する形で技を習得したかった、という気持ちが強かったのです。

自分が上位に行けないのも、理由がありました。中学校の競技会は、ゆか、あん馬、跳馬、鉄棒の4種目がベースなのです。当時から私が得意としていたのはつり輪と平行棒だったこともあり、「高校に行ったら、もう少し上に行けるかな」とは考えていました。

振り返ってみると、中学の段階で目前の結果にとらわれることなく、高校のことを見据えながら体操に取り組めていたのは良かったかなと思います。どうしても目の前の結果が気になり、一喜一憂してしまう選手もいます。ただし、当時の中学と高校ではルールが違い、実施種目が増えることもさることながら、高校の大会では規定演技があったので、中学時代からそれを見越して準備するべきことが山のようにありました。

言ってみれば、中学生のときから高校の予習をマイペースでやっていた感じでしょうか。

マイペースというのは大切な要素です。体操は練習中も、競技中も誰にも邪魔されない競技です。自分の時間に集中することは、いい演技につながる要素なのです。中学生のときの自分は、練習の中で高校の演技を先取りしていたことになるのですが、あくまで「自分ができること」に集中していたのが高校での好結果につながっていきます。

## 洛南365日

高校でも体操を続けることは決めていましたが、マック体操クラブの同級生は精鋭ぞろいで、私の進学先が決まったのは同級生の中で最後だったと記憶しています。

クラブは大阪にあり、先輩たちの多くは地元の清風高校に進んでいました。清風高からは、体操で多くのオリンピックのメダリストが誕生しています。監物永三《けんもつえいぞう》さん、具志堅幸司さん、外村康二さん、西川大輔さん、池谷幸雄さん、そしてアテネオリンピックで一緒にチームを組むことになる米田功さんは私の3学年上でした。

クラブから多くの先輩が清風高に進んでいたこともあり、私も中学1年、2年のあたりは「清風に行くんだろうな」と考えていたのですが、同級生で先頭を走る鹿島が清風高に進むことを決め、それに加えて清風中学校のメンバーが何人かクラブに入っていたこともあり、同級生の10人以上が入部予定という状況になりそうでした。

体操の場合、器具を使わなければ練習になりません。つまり、部員が多いということは、どうしても練習時間が限られてしまいます。そうした心配があったのと、ちょうど進路決定の時期に、京都の洛南高校の芳村猛先生が私の演技を見に来てくれ、勧誘をいただいたこともあり、最後の最後まで「清風か、洛南か」で悩みましたが、最終的には洛南高に進むことに決めました。

１９９６年、春。洛南高に進学したことは、いろいろな意味で新鮮な体験になりました。生活面では実家を出て、高校の寮に住みながらの生活です。これだけでも大きな変化です。

体操のほうでは、小学生のときからマック体操クラブで気心の知れた仲間たちとずっと練習をし、コーチたちの指導、言葉の意図もすぐにくみ取れる環境から、京都に移ったことで今までの環境をリセットしたことになりました。

この環境の変化が自分にとって、新たな刺激になったのです。

まず、異なる環境で練習することによる新鮮さがあり、先生方からは違った角度からアドバイスをもらうことで、体操に対する視野が広がった気がしました。その一方で、清風高に進んだ同級生たちのことも気にかかり、「清風では、どんな練習をしてるんだろう？　もっと頑張ってるんだろうな」と想像していると、それが自分にとっての活力になっていったのです。

地理的な要素も、想像以上に大きいものでした。大阪と京都は隣接していますが、風土は異なります。学校の雰囲気、そして体操に対するアプローチも微妙に違っており、洛南高に進んだことで、新たな気づきを得られたのです。

洛南高の体操部は、芳村先生が指導にあたられる以前、1966年に赴任された辻野朝晟《のりあき》先生が創部以来、ずっと指導にあたられていました。辻野先生は2009年まで44年間、洛南高で体操の指導をされていましたが、先生の教えの特徴は、「洛南365日」という言葉に代表されます。それこそ1年365日、毎日練習するのです。休みがないのです。その意図を、先生はこのように説明されていました。

「人間、心臓が一日でも止まったら死んでしまうでしょ。体操も一日も離れることなく、積み重ねていくものなんだ」

ただし、一日の練習時間は他の学校に比べるとそこまで長くはありませんでした。つまり、短い時間に集中して練習に取り組み、それを毎日積み上げていくというスタンスです。結果的にそれが私にも合っていました。

一日の生活は、朝は寮の掃除から始まり、学校の食堂で朝食を食べ、朝練習をしてから授業を受けます。そして午後に授業が終わると、すぐに練習が始まり、毎日夜の8時頃まで練習をしていました。それが終わって寮に帰り、やっと晩ご飯という生活です。

中学から高校に上がる段階で実家を離れるとホームシックになる生徒も中にはいますが、私の場合は自分である程度責任を持ち、学校生活をおくっていくことが自立する第一歩につながったと思います。実家にいれば、洗濯も親がしてくれますが、寮では自分の責任でやらなければいけません。この経験は後々、プラスになっていきます。

当時、私が暮らしていたのは運動部の生徒のための寮で、基本は2人部屋。洛南高はバスケットボール、バレーボール、陸上競技が強豪として有名ですが、いろいろな部活動の生徒と生活を一緒にすることで、自分の刺激になった面もありました。いまは運動部の寮がなくなってしまったのですが、私にとってはいよいよ本格的な選手としての生活が始まった場所でした。

## 練習日誌で、自分と対話する

辻野先生や芳村先生は細かいことを指摘するタイプではなく、生徒たちに考えさせるタイプの指導者でした。

特徴的だったのは、練習日誌です。毎日書くことが義務付けられていて、選手たちにはプリントが渡され、そこには6種目分のスペースがあって、種目ごとにどんな練習をしたのか、どんな感覚だったのかを書き込むようになっています。洛南高では毎日すべての種目の練習をしていたので、6種目の練習を思い出しながら書き込んでいくわけです。

練習が終わって食事をして、つまりは体操の宿題があるわけです。最初は「面倒くさいな」と思わないこともなかったのですが、一日の練習を振り返ることで、強制的であったとはいえ、自然と自分と対話をする貴重な時間を持てるようになりました。

そしてもうひとつ、学年ごとの練習ノートもありました。私の学年は7人だったので、一週間に一度、書く順番が回ってきます。ここでは先の大会を見据えた練習計画や、一週間ごとの練習の進み具合などを書いていきます。このノートでは、未来を見ながら現時点での自分を見直す作業が可能になりました。

練習日誌と学年ごとの練習ノート、おそらく、義務化されていなければ、自分と対話し、反省を言葉に置き換える時間は持てなかったと思います。私が思ったこと、感じたことを形に残すという習慣は、体操選手として重要な「感覚を言葉に置き換える」訓練にもなった気がします。

自分に合った環境ではありましたが、高校ですぐに結果が出るとは毛頭考えていませんでした。中学時代は3年生のときにようやく全国大会に出場できましたが、それ以前は近畿大会止まりでした。

ところが、高校に入って練習を重ねていくと、中学時代に培った土台がしっかりしていたためか、いろいろと応用が利くことに気づきました。新しい技に取り組んでみたら、すぐにできたというようなことがあり、「これは中学時代にしっかりと土台を作ったおかげだな」と実感していました。中学時代、どちらかといえば地道な練習にこだわっていたことで、基本となる演技構成がしっかり作れていました。そのおかげで、高校ではそこに肉付けしていくことが可能になっていたのです。

洛南高に入学早々、京都府大会のメンバーに選ばれ、1996年の山梨インターハイに出場できることになったのはうれしかったです。ただし、中学時代までは全国大会での成功イメージがなかったので、「インターハイに行っても個人では予選落ちだろうな」というのが本音で、「なんとか決勝に進めたら上出来だな」くらいに思っていたのですが——。

いざ蓋を開けてみると、個人総合では規定演技で7位、そして自由演技を合わせても11位に入っていました。これは自分にとって驚き以外の何物でもありませんでした。中学時代から比較的得意としていた平行棒とつり輪が入ってきて、「ここから再スタートだ」という気持ちもあり、同級生との差はある程度は縮まるだろうとは考えていましたが、ここまでプラスアルファが出てくるとはさすがに想像していなかったのです。

※当時は、参加選手全員が同一内容の演技を行う「規定演技」が最初に行われたあとに「自由演技」が行われ、規定と自由の合計点数によって順位が決まっていた。オリンピックでは１９９６年のアトランタオリンピックまでがこの方式で行われ、１９９７年に国際体操連盟（ＦＩＧ）の採点基準が大きく変わり、規定が廃止され、自由演技が予選と決勝合わせて２回行われるルールへと変更。しかも予選での得点は、決勝には持ち越されないことになった。

このときの上位の選手を見ると、高校3年生ばかり。私の上にいる高校2年生は１人だけで、自分が1年生の中では最上位になっていました。このインターハイの結果を受け、ずいぶん自分の立ち位置が明確になった気がしました。

立場が見えるということは、自分を客観視できる材料ができたことになります。この結果は自信を生み、自己肯定感へとつながっていきました。

振り返ってみると、高校1年生のインターハイは大きな意味を持っていて、この結果を受け、次のターゲットも明確になりました。「いま、高校2年生以下で全国2番ならば、自ずと来年は優勝を狙える」という思いになります。そこで、「優勝のためにはなにが必要か」と冷静に考える自分がいました。

体操の場合、極論すれば、トップに立った選手の真似をして、そのままの演技ができればいい勝負になるわけです。つまり、目標や課題がすぐに見つけやすい。加えて、全国大会に出場することでの財産は、トップ選手の演技を見ることで、自分が取り組むべきことが可視化されることです。上位の大会で演技することの財産は、自分より上手な選手の演技を見られることなのです。

課題がハッキリしたことで、その後の練習にもうまく取り組んでいくことができるようになりました。

高校時代はもちろん結果も重要ですが（私のように自信、自己肯定感につながるので）、理想像、そして体操の基礎的な部分を固める意味でも重要です。

その意味で、私は辻野先生が実践していた「洛南３６５日」は自分に大きな影響を与えたと思います。体操の動きというものは、日常では絶対にない動きです。その動きに取り組まざるを得ないので、高校のときに考えていたのは、練習を積み重ねることによって体操を日常化させなければならない――ということでした。「もしも、日常化できたらすごいことになる」と考えていたので、自分自身も楽しみつつ、洛南高ではどれだけ体操が日常化できるかをテーマに過ごしていた気がします。

一方で、一年中毎日練習する必要があるのか、という議論はあってしかるべきだと思います。休息を入れたほうが疲労回復、成長にはいい面もあります。もしも、疲労からの回復を優先させるならば、定期的に休みを入れたほうが効果的だったかもしれません。それでも、私としては感覚を鋭くしていきたいと思っていた時期でもあり、「これは毎日練習したほうが、感覚が洗練されていくな」と考えていたので、洛南高の環境は自分には合致していたのかなと思います。

## ビタリー・シェルボとの出会い

高校1年生の1996年は、山梨インターハイでの経験だけでなく、自分にとってはビタリー・シェルボの演技と出会ったことでも記憶される年になります。

シェルボはベラルーシの出身で（現役時代はソ連国籍）、1992年のバルセロナオリンピックではEUN（旧ソビエト連邦の選手を中心とした選手団）の代表として出場し、男子団体総合、個人総合、種目別であん馬、つり輪、跳馬、平行棒と合計6つの金メダルを獲得した選手です。金メダルをほぼ総なめと言っていい実績です。また、世界選手権での通算獲得金メダルは12個、合計メダル数23個で、この記録はいまだに破られていません。

洛南高には過去のいろいろな大会のビデオが残されていて、それを見ることができました。

そこで出会ったのが、シェルボでした。

シェルボの過去の映像を何度も見ていると、「自分が目指すべき体操の理想像は、ここにある」という思いを強くしたのです。

シェルボの演技の素晴らしさは、どこにあったのか？

私が感じたのは、演技中のどの瞬間を写真に撮っても、必ず絵になるということです。しかも、それだけではなく、演技全体が「ひとつの作品」になっていることに、大きな衝撃を受けました。

つまり、写真としても、映画としても傑作なのです。

体操では、難しい技に取り組めば取り組むほど、その難易度の高い技に集中してしまい、その成功と失敗にフォーカスしてしまいがちです。それは見ている人も、選手自身もそうなのです。ところが、シェルボの場合は、技を単純に成功させるだけではなく、「どのように成功させるのか」というところまで突き詰められていました。加えて、その技という一つひとつのパーツを滑らかに組み合わせ、流れるような演技構成を作ります。見ていると、流れが途切れるということがなく、とてもスムーズで、アッという間に演技が終わってしまう。

私が「作品」と呼ぶのは、技と技のつなぎに工夫が凝らされ、シェルボが演技の全体像を見事に提示していたからです。

世界でもっとも難しいことに取り組んでいるのに、流れが美しい。「なにも苦労してないんじゃないか？」と思うくらい、あまりにも簡単に涼しい表情で演技をする。そのようなシェルボの演技に魅了されたのです。

## 「演技は作品」という発想

あとになって、体操の歴史を調べていくと、シェルボの作品性は、体操の王道とも呼ぶべきものだと気づきました。

もともと体操競技は19世紀のドイツが発祥地で、ドイツ語でTurnen、英語ではGymnasticsと呼ばれていました。その語源は「裸」を意味するギリシャ語のGymnosで、ギリシャでは幅広く体の手入れ、メンテナンスを意味していたようです。

体操競技は当初、ヨーロッパで広がり、１８９６年のアテネオリンピックから正式競技として採用されています。女子の参加は１９２８年からですが、この時期の大きな変化としては、「表現に芸術性が含まれている」ということで、“Artistic Gymnastics”と、「芸術的な」という意味の形容詞、artisticが冠せられたことです。

つまり、芸術性、見せることが意識されるようになり、「演技は作品」という考え方が生まれました。その延長線上にシェルボが登場し、彼に憧れた私も技だけではなく、作品を生み出せればと考えるようになったのです。

作品と呼びたくなるシェルボの演技は、体操の採点システムが10点満点時代ならではの発想だったかもしれません。

体操競技では、長らく演技を10点満点を上限とし、そこから減点方式で採点をしていました。その流れが変わったのは、1976年のモントリオールオリンピックでナディア・コマネチ（ルーマニア）などが10点をマークしてからです。これ以降、オリンピックでは10点は珍しくなくなっていきます。

シェルボはこうした時代に登場しました。この採点システムでは10点満点の演技を組めれば、それをいかに磨き上げるかというところに思考が向かいます。シェルボは演技を磨きに磨き上げた人で、最終的には演技を芸術の域まで高めた選手だったと思います。

シェルボが活躍した1990年代は10点満点の枠の中で、彼が突出した美しさと完成度を誇っていましたが、世界中が彼の領域に追いつこうと完成度を磨いていく時代が

２０００年代の前半まで続きます。１９９０年代後半からルール変更が実施される２００６年までのおよそ10年間は完成度をめぐっての戦いでした。

ただし、そうなると演技の完成度が高まり、甲乙がつけがたくなってきます。オリンピックで10点満点のシステムが実施されたのは、私が参加した２００４年のアテネオリンピックが最後でした。

私の現役時代の後半である２００６年に10点満点採点方式は廃止され、技の難度など構成内容を評価し、加点によって決まるＤスコア（当時はＡスコア）と、演技の出来栄えを評価し、実施された技に対して減点を行うＥスコア（当時はＢスコア）を組み合わせて採点されるようになりました。

ルールが変更されれば、演技に対する考え方も変化します。加点方式で点数が青天井になれば、完成度よりも、難易度へと焦点が移っていきます。２０１０年代は難しい技ができる選手に焦点が当たる時代となっていきます。

そしてその競争が限界点に達すると、今度は、自然とその技の完成度を競う時代になっていきます。

こう見ていくと、採点の仕組みは変わっても、最終的に目指すところは「難しさと美しさの共存」となります。私が思うに、シェルボは1980年代から1990年代にかけて、そうした発想を超越し、「作品」を作り上げるところまで到達していたのです。シェルボに刺激を受けた私は、「体操は作品になり得る」というイメージを大切にしたいと思うようになりました。

作品は、見せ方の提示でもあります。たとえば、サーカスは肉体、そして技術を駆使して観客を魅了します。肉体、技術を使うところは体操と同じなのですが、サーカスの場合は見ている人たちがアッと驚くような演出をして作品として仕上げていきます。

一方で、難易度の高いことを簡単にやってみせるのが体操競技の演出方法です。シェルボの体操は、高校生の私に体操は「作品になり得る」ということを見せてくれたのです。

## 理想を育むことができた高校3年間

こうやって振り返ってみると、高校1年生のときに、インターハイである程度自分の力量が確認できたということと、シェルボの演技を見たことで、自分が持つ体操の「理想像」を高く持つようになったことが、その後の成長に大きな影響を与えたと思います。

難しいことを、簡単に見せる。数種類の技を流れの中で作品として見せていく。

体操に限らず、スポーツでは「自分の理想」が選手としての力量差になってきます。理想を持てば、選手はそこに近づいていく努力をします。そして理想像が高ければ高いほど、選手は苦悩もしますが、成長も促される。「技ができればいい。成功すればいいや」と思っているだけでは、一時的に結果が残ったとしても、最終的には周りに取り残されてしまいます。

理想像を持つことが大切だとわかったのは、大学、社会人とキャリアを重ねていっても、目指す路線において大きく迷うことがなかったからです。つまり、自分の目指す体操、理想像は高校時代に形作られていたということです。

私の理想とする体操は、こうした言葉で表現されます。

見ている人を魅了する演技。

周りの人たちに、「あんな演技がしたい」と思ってもらえるような体操。

「自分にもできるんじゃないか」と錯覚させるような演技。

こうした理想像を描けたことが、その後の成長につながった気がします。もちろん、イメージだけではなく、高校時代は体がまだまだ成長している段階ということもあり、土台となるものを作り上げる時期でもあります。練習の積み重ねによって筋力もアップしつつ、感覚的なものも磨いていく。そこをしっかりと意識していたことで、大学生になってからも順調に成長できたのかなと思います。

## 目の前の勝ちにこだわらない

こうした意識をもって体操に取り組んだことが功を奏したのか、高校2年生では洛南高の地元、京都で行われたインターハイの個人総合で優勝することができました。ここで重要だったのは、理想像を高く持っていたおかげで、優勝したことで満足しなかったことです。もちろん、うれしさはありましたが、ここがゴールではないと理想を高く持つことができたのは、高校1年生での経験が大きかった気がします。

翌年、高校3年生になったら春の高校選抜、インターハイ、全日本ジュニアで優勝したいという思いは強くありつつ、すでに高校の後半からは、大学に上がってからのことをイメージしながら練習に取り組んでいました。なぜなら、中学から高校に入ったときにルールが変わるのと同じように、高校から大学に上がるとルール上も適応しなければいけないことがあり、いち早く対応するためには高校3年生の段階から意識していこうと考えるようになっていたからです。

ルールが変わるというのは、大まかな話になりますが、高校と大学では技の数が違います。大学に入ると高難度の技を2つ、3つ、演技に入れ込んでいかなければ勝負にならず、高校のときから技の数を増やすことを意識するようになりました。高校3年生になってからは試合数がかなり多く、新しいことに取り組んでいく時間は限られていたのですが、試合のたびになにかひとつは新しい技を入れていく、という課題を自分に課していました。そうでなければ、大学に入ってからすぐに勝負できないと感じていたからです。

振り返ってみると、高校3年生のときは、将来的にはシェルボのように演技をひとつの作品として提示したいという理想を描きながら、中期的に必要なこととして、技の数を増やしていくということに重きを置いていたわけです。

そうした自分の姿勢が可能になったのは、洛南高の「風土」があったからだと感じています。もしも、インターハイをはじめとした全国大会で勝つことを重視していたとしたら、高校時代にできる技の完成度を上げる方向にシフトしていたはずです。私が在学していたときの洛南高は比較的自由で、勝つことよりも、自分の能力をいかに上げるかということに力点を置き、しかもその道筋を自分で考えるという活動をしていました。考える、という作業の中に練習日誌があり、映像で海外の選手の演技を見る、ということが入ってくるわけです。

考え、論理を組み立て、それを練習で試すというスタンスだったので、自由な発想ができたのかなと思います。そうした環境ですから、失敗することにさほど神経質だった記憶がありません。勝ちにこだわっていたらミスはいろいろな意味で響きますが、失敗したとしても、「あそこが足りなかったな」という前向きな反省があり、それが次の成長を生むという流れを作れていたように思います。

３６５日かけて、体操に対して向き合う、思索する時間があったのは貴重でしたが、それにしても、３６５日生徒に付き合っていた辻野先生、芳村先生は、様々なことを犠牲にして指導にあたられていたのは間違いありません。私としては、感謝あるのみです。

# 第2章

# 突如襲った緊張と、栄光への架け橋と

## 順天堂大学へと進む

高校3年生のときには、高校選抜、インターハイ、全日本ジュニアの個人総合で三冠を達成できました。成績を残せただけでなく、洛南高校に進んだことで、自分の可能性に気づけたことがなによりも大きかった3年間だったように思います。

次は、大学進学が人生において重要な選択になりました。

高校1年生の段階からインターハイの上位で戦えていたこともあり、高校時代から多くの大学で練習をさせていただきました。いろいろな学校を見てきて、進学先を決めるうえで私が重視したのは、環境です。

環境というと、みなさんは居住環境などを思い浮かべるかもしれませんが、私が大切にしようと思っていたのは、「人」をめぐる環境でした。

強い選手がいる。

上手な選手がいる。

自分とはタイプの違う選手がいる。

最初の章でも書きましたが、体操は上手な人を真似ることから始まります。自分よりも力量が上の選手を間近に見ることによって、成長する機会が得られる。高校時代は個人総合で勝っていたとはいえ、ゆかと跳馬を苦手にしていたこともあり、この2種目について、新たなヒントが得られる環境を持つ大学がいいなと考えていました。それに加え、世界で戦うためには――この頃から、徐々に世界を意識する段階に入っていました――6種目全般にわたって、まだまだ技の数を増やしていかなければならないと考えていたので、設備の安全性も考慮しながら慎重に大学選びをした記憶があります。

そうしたことを踏まえ、最終的に順天堂大学に決めたのは、当時は大学の中でいちばん強く、さらには大学生の先輩たちと一緒に練習したときに、自分にないものを持っている先輩がたくさんいたからでした。トップの大学に進み、自分に備わっていないものを十分に吸収していこうと考えたわけです。そしてもちろん、トップの大学で結果を残していけば、自ずと自信につながり、それが日本代表につながっていくだろう――そんなイメージを描くこともできました。

## 自分に合う環境を見極める

　順天堂大学は、洛南高校と同じように自主性を重視していたことも、自分の考え方に合うような気がしていました。

「自分に合う」という感覚はとても大切なものですが、いま、進路について考えている高校生にアドバイスらしきものがあるとすれば、「主観と客観」は微妙に異なる場合がある、ということでしょうか。

　見学に行ったり、練習に参加したりしてみると、自分なりの手ごたえ、感想を持つことでしょう。ここで大切なのは、自分がイメージしていたものと、体験してみての「差異」がどこにあるかということです。そこを確認することはとても大切になります。

　そしてもうひとつ、高校の先生方は進路先をアドバイスする際に、いろいろなことを考慮します。

「タイプが似ている選手がいる大学がいいだろう」

「奔放なところがあるから、規律が厳しめのところに行くと苦労するかな……」

といったようなことを考えているはずです。自分では「ここしかない」と思っていても、客観的には他の選択肢のほうがいいのでは……と考える大人がいれば、その声に耳を傾けるのに損はないでしょう。経験から導き出されるものがありますから。

同世代では、私が最初に順天堂大学に進路を決めましたが、最後に順天堂に決めたのが、鹿島丈博でした。彼が進路について「迷っている」という話は聞いていたのですが、当時、清風高校からは日本体育大学に進むのが王道で、おそらく日体大に行くんだろうな、と漠然と思っていました。ところが、最後の最後に鹿島が順天堂に来ると聞いて、びっくりしたと同時に、うれしかったことを覚えています。

中学時代までは同じクラブにいたこともあり、なにかふたりでやり取りがあったんじゃないか、と思われがちですが、当時の洛南高は携帯は禁止だったので、外部からの情報はほとんど入ってこず、こちらから連絡するのもひと苦労の時代でした。この選択は、最終的には鹿島が自分の意志で決めたことです。

最近は全国の高校生がＬＩＮＥなどＳＮＳを通じてつながっているため、進路について相談し合う傾向が見られます。私たちの世代には見られなかったことで、時代が変わったことを感じざるを得ません。

1999年に順天堂に入って良かったなと思うのは、うまい先輩たちがいただけでなく、鹿島をはじめとして、強い同期がまとまって入学してきたことでした。いわゆる強豪校のキャプテンが集まり、しかもそれぞれタイプが異なっていて、ゆかが強い選手、鉄棒がうまい選手、そして鹿島のようにあん馬が強い選手と、バラエティに富んだ布陣で、この環境が自分にとっては大きなプラスになりそうな予感がしました。

そして実際に、そうなったのです。とても仲良く4年間を過ごせただけでなく、お互いがお互いを教え合って、非常に良い環境をみんなで作り出せたことを誇りに思っています。

体操は個人競技であり、同じチームのメンバーはライバルでもあります。ただし、競ってばかりではお互いの成長は鈍化してしまいます。高校、大学時代に必要とされるのは、各々が個性を伸ばしていく中で、足りない部分をお互いが補完し合うことにつきます。それが体操における「チームワーク」と呼べるものだと思うのです。

体操では、他の選手に教えることによって、感覚が言語化され、それがプラスに働いていきます。また、他の選手の言葉に耳を傾けると、自分にはない新しい感覚が得られ、引き出しが増えていくことにつながります。

順天堂大学には、自分が求めていた環境がありました。

## 大学から世界の舞台へ

高校時代から技を少しずつ増やしていたこともプラスになって、大学に入ってからも順調に成長していくことができました。

2年生になった2000年はシドニーオリンピックの開催年にあたりました。私にとっては初めてのオリンピックの選考会となりましたが、最終選考会のNHK杯では18位に終わりました。場合によっては、上位に食い込める得点を取ることはありましたが、10点満点で8点台の演技もあり、まだまだ演技が安定しない状態でした。シドニーオリンピックには間に合わなかったものの、翌年の2001年、3年生になってからは世界選手権とユニバーシアードの選考会を兼ねたNHK杯で塚原直也さん（当時・朝日生命）についで2位に入り、代表に選ばれました。最初の大きな国際大会はこの年の8月に中国・北京で行われたユニバーシアードでしたが、個人総合で2位、種目別では平行棒で金メダル、苦手意識の強かったあん馬で銀メダルを獲得することができました。

しかし、10月にベルギーで開催された世界選手権は、9月11日に発生したアメリカ同時多発テロの影響で日本は参加することを見送ったため、初めての世界選手権への参加はお預けとなりました。それでも11月の全日本選手権では、個人総合で初めて優勝することができたのです。

２００２年に大学4年生になると、ハッキリと2年後に迫ったアテネオリンピックでどう戦うかを意識するようになりました。

オリンピックの中間年のビッグイベントはアジア大会になります。その選考会となったＮＨＫ杯では私と塚原直也さん、鹿島、そして同学年で日体大に進んでいた水島寿思《ひさし》が上位で代表入りし、オリンピックに向けての布陣がだいぶ見えてきました。ただし、韓国・釜山《ぷさん》で行われたアジア大会の団体総合では中国が優勝、地元の韓国が2位に入り、日本は3位という結果に終わりました。日本チームは、私と鹿島、水島といった大学生が代表に入り、世代交代という時期にありました。

そして２００３年には順天堂大学を卒業し、大学院に進みながら、セントラルスポーツに入社します。この年はようやくアメリカ・アナハイムで行われた世界選手権への出場がかないました。

この大会、団体総合では優勝が中国、2位がアメリカ、3位が日本という順位になりました。このときの3ヵ国の戦略は異なっていて、当時は6人の選手がエントリーし、各種目3人が演技して、この3人全員の得点が団体の得点となる「6―3―3」のフォーマットでしたが、中国は4種目演技をした選手が2人で、あん馬しか演技をしないスペシャリストが1人入っていました。

アメリカは3種目をこなす選手が多く、オールラウンダーのポール・ハムが5種目、つり輪のスペシャリストが1人という構成でした。

日本はメンバー編成の関係で、私と塚原さんは6種目すべてで演技を行い、鹿島が4種目、山田辰也さん（大翔会体操クラブ）が2種目演技するという体制になっていました。6種目を演技した選手がいたのは、日本以外では韓国の選手がひとりだけで、体力的には負担がかかっていたとは思います。

この大会では中国、アメリカとの差はわずかであり、団体としてオリンピックで十分に戦える手ごたえを得られました。さらに個人総合でもポール・ハム、楊威（中国）について3位に入ったことで、自分の体操が世界でも認められた手ごたえを感じていました。

## 金メダル目前で最悪のメンタル

そしていよいよ2004年、アテネオリンピックの年を迎えたわけですが、日本代表決定競技会となったNHK杯での結果を受け、最終的にメンバーに選ばれたのは次の6人でした。

米田功　（徳洲会体操クラブ）
冨田洋之（セントラルスポーツ）
水鳥寿思（徳洲会体操クラブ）
塚原直也（朝日生命）
鹿島丈博（セントラルスポーツ）
中野大輔（九州共立大学）

アテネオリンピックの団体総合での金メダルについては、いろいろなところでお話してきましたが、この試合のことは忘れようにも忘れられません。

金メダルを決めた鉄棒の演技の前、メンタルが最悪に近い状態だったからです。

本来は鉄棒の演技に集中しなければいけないのに、余計なことばかりを考えてしまっていたのです。あのままの状態で演技をしていたら、どんな結果になっていたかわからないと思うと、ぞっとするほどです。

このときの日本チームは、予選から好調でトップで通過しています。そして団体決勝では次のような布陣で臨みました。

中野（ゆか）
水鳥（つり輪）
米田（ゆか　跳馬　鉄棒）
鹿島（あん馬　跳馬　平行棒　鉄棒）
塚原（ゆか　あん馬　つり輪　平行棒）
冨田（あん馬　つり輪　跳馬　平行棒　鉄棒）

決勝が行われた2004年8月16日、私は2種目目のあん馬からスタートし、最終種目の鉄棒の前まで、これ以上はないというくらい調子が良く、「なんでも来い」という気持ちで演技に集中できていました。

自分にとっては最初の種目がミスの起きやすいあん馬ということで、本来ならば緊張しそうなところでしたが、あまりにも調子が良く、「多少ぶれたところで、すぐに体勢を戻せる」と思い込める自信があったほどです。実際、ほとんどミスもなく、私の得点は次のように推移していきました。

あん馬　9・675点
つり輪　9・787点
跳馬　9・687点
平行棒　9・700点

## ゾーンに入っていたのか？

なぜ、ここまで好調だったのか？　いろいろな要因はあったはずですが、このときのパフォーマンス、状態をオリンピックのあとになって意図的に再現することは、やろうと思ってもできませんでした。理論やルーティーンで再現性が高められれば、大きな武器になりますが、言葉では表しきれない要素が作用したのでしょう。

指導者になって「演技に入る前、これさえやっておけば大丈夫だよ」と、学生に言い切れないのは、このアテネオリンピックでの体験も関係しています。

最近は「ゾーン」という言葉も使われますが、ゾーンに入るための絶対的な方法はないと思います。つまり、本当に調子がいい状態は自分では作れない。

ではなぜ、あの日に「なんでも来い」というような精神状態が作れたのか？　いろいろな経験をし、様々な考えを持って、異なる状況で練習を積む。そして、多くのプレッシャーや負担をかけてトレーニングをしていく。こうした準備にオリンピックという4年に一度の舞台といった要素がすべて結びついたからこそ、あの日のような状態が生まれたのだと思います。

いわゆる「ゾーン」に入っていたといえば、そうなのかもしれません。私の競技経験からは、意図的にゾーンは作り出せませんが、いつでも入れるように準備を整えておくことが大事だと思います。

## 「栄光への架け橋」に向けて

こう書いてくると、みなさんはゾーンに入ったまま私が最後の鉄棒の演技に臨んだように思うでしょう。日本のテレビ中継では、NHKの刈屋富士雄アナウンサーが「栄光への架け橋だ」と実況したあの場面です。しかし、私にはとんでもない試練が待ち構えていました。

5種目目を終えた時点で団体総合の順位は次のようになっていました。

ルーマニア　144・422点

日本　　　１４４・３５９点
アメリカ　１４４・２９７点

１位から3位までが０・１２５差の大接戦で、ひとつのミスで順位が入れ替わる、つまりメダルの色が変わる状況でした。意外だったのは中国がゆか、平行棒で大きなミスが出るなどして点数が伸び悩み、メダル圏外に去ってしまったことでした。アテネオリンピックは激戦で、本当にどの国にも勝つチャンスがありました。

このプレッシャーが演技に微妙な影響を与えます。この３ヵ国の中では、ルーマニアが最初に鉄棒の演技を行ったのですが、離れ技のところで落下してしまい、点数が伸び悩みます。後々、日本のドキュメンタリーを見たら、その選手は「優勝できると思って、緊張してしまった」とコメントしていて、やはりプレッシャーを感じていたんだな、と理解しました。

そして次はアメリカ。前年の世界選手権の個人総合王者、ポール・ハムは修羅場をくぐってきた選手ですが、このときの演技ではやはり離れ技のところで、落下はしなかったものの、バーをうまくつかめないミスがありました。落下せずに立て直したあたり、彼らしい修正力を見せましたが、ハムほどの選手でもミスが起きるのが団体決勝の怖さです。

ライバルはミスを犯し、そして最後に日本の順番がやってきました。日本の鉄棒の演技は、米田さん、鹿島、そして私の順番で、普通に演技をすれば、金メダルを獲得できる状況です。当然のことながら、自分の演技が順位を決めることになる……というのは長年の経験でわかっていました。

それまでの体操人生でも、自分の演技次第で優勝が決まるということは経験しており、わりと平常心で演技をしてきたつもりでした。

ところが、オリンピックは違いました。

このときに限って、精神状態が不安定になったのです。

最初の演技者である米田さんの演技を見ていたら、急に緊張感が高まり、自分の演技に集中できなくなったのです。

米田さんは、いつも着地を得意としている選手でしたが、本番では微妙に、ちょっと動いてしまった。「ああ、米田さんも、それだけ緊張感があるんだろうな」と想像していたら、自分の中にも緊張感が生まれてきたのです。

そして、2人目は鹿島です。彼とは小学生のときからずっと一緒にやってきた仲間であり、彼が演技を始めると、まるで自分が演技をしているかのように感情が入ってしまったのです。そうすると、普段は気にしない順位のことなどが気になりだします。

「これで金メダルが決まるんだな」

「もしも失敗したら、日本に帰れないな」

ハッキリ言えば、「演技の前に気にしてはいけないこと」ばかりを考えていたのです。雑念が頭の中を支配し、演技には関係のない「ゴールを見過ぎている」状態です。もしも、このような状態で演技に入っていたとしたら……。おそらく失敗の確率が上がってしまったでしょう。

## オリンピックには魔物がいた

私のこの経験を振り返ってみても、オリンピックには「魔物」が棲んでいるというのは、本当だと思います。中には、オリンピックを経験したあと、中継を見るだけでも緊張してくる、というオリンピアンさえいます。

不思議なもので、オリンピック自体はなにもプレッシャーをかけてくるわけではありません。プレッシャーは、オリンピックに懸ける選手の思いから発生するものです。アテネのときの自分は、「金メダル」がかかっていると意識した瞬間に、尋常ではない精神状態に陥ってしまったのです。

この感覚は、団体戦ならではのものでもあります。個人総合では、ここまでプレッシャーは感じません。個人総合や種目別の場合は、自分の責任で演技することができますし、ある程度、開き直って演技することが可能ですから。

このときは幸いなことに、鹿島の演技の最中に、「これは自分の状態があまりにも悪すぎる。このままじゃダメだ」と気づくことができました。

そこからは鹿島の演技を見るのをやめ、気持ちを切り替えて、自分の演技であるとか、それまでやってきた練習を振り返るよう、マインドをパッと変えました。

そして点差を確認し、確実な技へと演技構成を組み替え、そのシミュレーションを頭の中でしていました。

数分、あるいは数十秒のことだったかもしれません。土壇場で自分を客観視できたことで、演技に集中できる流れを作れたのが金メダルにつながったと思います。

自分の演技をおさらいしていると、集中力が高まってきて、注意すべきところも絞れていました。

「離れ技の『コールマン』さえしっかり持てば、心配はない」

鹿島は着地も決め、割れんばかりの歓声に包まれて戻ってきました。鹿島はいい笑顔を見せていて、私も彼の顔を見ながらタッチをしました。体操教室から始まったふたりの人生が、こんな場面を迎えるとは誰が想像したでしょうか。

鹿島からしっかりとバトンを受け取り、そして自分がポディウムに上がるころには、緊張感はまったく消え、「この感じならいける」という手ごたえがありました。

そして演技が始まってみると……。本当に集中して自分の演技ができたのです。

そして忘れられない瞬間がやってきます。もっとも注意を払っていたコールマンを成功させた瞬間、客席から上がった歓声が聞こえました。私の感覚としては、いままでとは比べ物にならないくらいの歓声で、会場全体が「ボンッ」と浮いたんじゃないかと思うくらいの衝撃というか、波動のようなものを演技の最中に感じたほどでした。

これはあとにも先にもない感覚です。

そこで鳥肌が立ってしまったのですが、それを心地よく感じながら、「いつもより回転をひとつ多くして、もう少し長く演技をしていようかな」と思ったほど、余裕を持って演技をしていました。そして最後は「やっぱり着地をしっかり止めて終わりたい」という欲も出てきたほどです。

体操では、欲張ってしまうとミスにつながることもありますが、アテネのあの舞台、あの瞬間だけは最後まで集中して、着地を止めることもできました。

すごい歓声でした。すごい、としか言いようがありません。

得点は9・850。

日本の金メダルが決まった瞬間です。

私は納得の演技ができたと同時に、いままで味わったことのない感覚を全身で感じていました。充実感。幸福感。ひとつの言葉では言い表せないほどの感情です。

もしも、緊張したままだったら……。違った結果が待っていたかもしれません。それでも、あの緊張感があったからこそ、幸福感を覚えながら演技できた気もするのです。

アテネオリンピックで感じたプレッシャーは、オリンピックという舞台で、しかも「団体」だったからこその独特なものでした。

順位など、演技にとって余計な情報がいっぱい入ってきて、雑念にとらわれてしまったのも、いまでは仕方がなかったと思います。

4年に一度のオリンピックであること。

日本の団体にとっては、1976年のモントリオールオリンピック以来の金メダルがかかっていたこと。

自分が最終演技者で、この出来栄えによってメダルの色が決まること。

そして、日本の国そのものを背負っているような感覚さえあったのです。

## 団体戦でしか味わえない「感覚」がある

私は、基本的に団体で演技をするのが好きでした。ここまで書いてきたように、団体戦では余計な感情が入ってくることもあります。それでも、そうしたこともひっくるめて、個人で戦っているときには味わえない緊張感があり、そこで得られる「感覚」が自分の成長にどれだけつながったかわからないからです。

団体で戦っていると、全身が鋭敏になるためか、練習では味わえない感覚や手ごたえを得られるときがあるのです。自然と自分の限界点を超えていったり、限界が押し広げられたりする感覚があるのです。

それはただ一度のことではなく、体操人生の中で、何度か繰り返されたものでした。「団体では、自分の中に変化が起きるんだな」と理解してからは、「今度の試合では、どんな感覚になるんだろう」とか、「どんな動きが出せるんだろう」と、試合をするのが楽しみになっていきました。そうした感覚は、次の技の開発につながる「手がかり」となり、試合の翌日に、その感覚を練習で応用するのも楽しみで仕方がありませんでした。

そしてまた、団体では、「こんな力を出しているのか」と驚くほど練習をはるかに上回る出来栄えを披露する仲間の演技を見るのも好きだったのです。

不思議なことに、これはなにも日本特有の感覚ではなく、世界共通の感情のようです。自分が所属している学校、クラブ、そして国を代表するとなると、個人戦では味わえない不思議な力が湧いてくる。

これは体操だけに限らないでしょう。たとえば陸上競技や卓球は、個人戦が基本のスポーツですが、駅伝になると力を発揮する選手がいたり、卓球でもオリンピックでは特別な力が発揮されたりするように思います。アテネ、北京、ロンドン、リオデジャネイロと4大会で活躍した福原愛さんも、「団体戦は好きですし、不思議な力が出ることがあります」と話していたので、きっと、私が覚えたものと同じような感覚があるのだな、と思いました。

つまるところ、人間は、チームで戦うことに特別な思いを込めるのだと思います。まして、オリンピックは日本を代表して演技するわけですから、責任、プレッシャーなども含め、思いは強いものになります。そうした環境や精神的な要素が絡み合って、感覚が研ぎ澄まされていく。

見ているほうも、選手たちのそうした思いを感じるからこそ、自然と思い入れが強くなり、感動や失望の感情の振れ幅も大きくなるのでしょう。

アテネオリンピックの団体総合決勝。

鉄棒の演技の前に体験した感覚は、8歳から始めた体操のすべてが試されるような時間でした。

しかも、最後の最後に「罠」まで用意されていたのですから、オリンピックは普通の大会ではなかったということです。
それでも、あの緊張感を制御し、自分としても最高の演技ができたことを誇りに思っています。

## チームワークの本当の価値

団体戦で戦うと、選手の人間性が浮き彫りになります。勝ちにこだわり過ぎてプレッシャーを感じる選手もいれば、同じ状況に置かれたとしても、楽しみに感じる選手もいます。それぞれ考え方が違っていたとしても、違う方向に向いていたベクトルが、ひとつの方向へ収斂《しゅうれん》されていけば、そのチームは間違いなく強くなります。

中学の試合であっても、オリンピックであっても、団体戦で勝ったチームのメンバーは、「みんなで戦う価値」を共有できたのだと思っています。

アテネオリンピックでは金メダルを取ったこともあり、最初から全員で価値を共有できていたと思われがちですが、当時は、6人のメンバー全員が最初から同じ方向を向いていたわけではありませんでした。人には誰しも「思惑」があります。

チームワークが良い、ということを重視するのであれば、きっと大学やひとつの所属チームで戦うほうがいいでしょう。大学だと、チームへの帰属意識も高く、教え、教えられ、他人の意見を受け入れることはスムーズにできます。

ただし、日本のナショナルチームは昔からの伝統として、メンバーは国内では競い合うライバルであったとしても、日本の代表としてチームメイトになったからには、お互いが助言し合い、成長を助け合う仲間になります。

アテネのときの経験でいえば、日本はつり輪を得意としている選手が塚原さんと私の2人しかいませんでした。3人目の選手が9・6以上の点をマークしないと、金メダルを狙うのは難しくなってきます。そこで白羽の矢が立ったのが水鳥で、彼は難易度の高い技に必死に取り組んでいました。

中でも、輪の高さで体を地面と水平に保つ「中水平支持」と呼ばれる大技は、腕力、体全体のバランスが必要で、ルール上求められる2秒間の静止が選手にとっては永遠に長い時間に思えます。日本チームの合宿では、私なりに水鳥にアドバイスをしました。

水鳥はどちらかといえば体の前、肩の付近を意識して中水平の支持姿勢を取ろうとしていましたが、「自分は肩甲骨、広背筋を意識して姿勢を取ってるよ」と話をしました。その後は彼なりに消化して技に取り組んでいたように思います。

私は順天堂大学、水鳥は日本体育大学の出身で、ある意味では技術がライバル校に流れてしまうわけですから、他の競技の関係者からすると抵抗があるかもしれませんが、ナショナルチームではそんなことはまったく気にしません。私はむしろ、日本体操界の発展のためには、こうした技術、情報の共有は必要だと思っています。世界でもトップレベルの選手たちがアドバイスをし合うのですから、やはりナショナルチームに入ることは、自分が成長できる大きなチャンスになり、その価値は計り知れません。

私の経験からすると、体操のナショナルチームに入ってくるクラスの選手だと、人の技術を自分のものにできるかどうか、その見極めが早いと感じます。自分にはコピーできないと思っても、自分なりのスタイルに落とし込む能力が高いのです。

単にみんなで仲良くするのがチームワークではなく、能力を高め合うことこそが、本当のチームワークというものでしょう。

アテネオリンピックに向けた国内合宿の最終日前に行われた公開練習では、不安が残った部分もありました。それでも、最終的にはそれぞれの個性を結集させ、お互いが尊敬して認め合うところまで到達しました。最後の最後にチームとしてうまく嚙み合った結果が、アテネの金メダルだったと思います。

チーム・マネジメントに関する研究や本を読んでいると、最初から仲が良いメンバーが集まると、スムーズにチーム作りは進んでいきますが、「化ける」ことが難しいようです。それよりも、個性が強く、最初は意見がまとまらずにバラバラであっても、対立や衝突を経て、それによって生み出されたチームのエネルギーは相当大きくなるのです。最初から同じ方向を向いていたベクトルが描く図形よりも、それぞれの長さが同じであれば、バラバラの方向に力が向いていたベクトルで描いた図形のほうが、面積は大きくなります。体操の団体に則して考えると、面積の大きさは強さにつながるように思います。そのあたりにチーム作りの面白さ、団体戦の不思議な力の源泉があるのかもしれません。

アテネのあと、北京オリンピックからは内村航平選手がナショナルチームに入ってきて、チームの伝統はいい形で継承されたと思います。内村選手はそれ以来、チームの核としてずっと頑張ってくれているので、若い世代の選手たちも、内村選手の姿勢を手本にして、次の世代の選手たちにエッセンスを伝えていってくれるはずです。

# 第3章

# モチベーションとメンタルについて

## モチベーションという言葉

前の章までは、アテネオリンピックまでの私の体操人生を軸にしていろいろなことを考えてきましたが、ここからは、自分が成長するうえで必要だったものを考えていきたいと思います。

最近は、スポーツと科学の融合が進みつつあります。また、スポーツと心理学もかなり接近してきて、モチベーションやメンタルトレーニングなどといった言葉が中学生や高校生からも聞かれるようになってきました。モチベーションという言葉だけを拾ったならば、スポーツだけではなく、ビジネスや日常生活にも浸透してきています。まずは、「モチベーション」という言葉から考えてみたいと思います。

ここ数年、アスリートから「モチベーション」という言葉が頻繁に聞かれるようになりました。日本語では「動機付け」とでも言い換えればいいでしょうか。大学で指導している学生からも「モチベーションが上がった」とか、「今日はモチベーションが上がらない」といった言葉を聞くことがあります。

私などは、「今日はモチベーションが上がらないから、練習したくないな」という言葉を耳にすると、「せっかく積み上げてきたものがあるのに、気持ちが乗らないからといって練習しないなんてもったいないな」と思いながら聞いています。

日常的にモチベーションという言葉が使われるせいなのか、「モチベーションをいかに上げるか」ということが、指導の現場でも重視されるようになってきたと感じていますが、この言葉に対する私の感覚は少し違います。

私の中には、体操教室で先輩たちのカッコいい技を見てから、一貫して「うまくなりたい」というモチベーションが常に存在していました。高校時代、シェルボに憧れたのも、選手として彼の領域にまで到達したいという強い思いがベースにあったため、優勝したい、代表になりたいといった実績を上げることや、評価を得ることはモチベーションにはなりませんでした。

シンプルに、体操がうまくなりたいというモチベーションだけがあったのです。

世界の舞台に立つようになってからもその思いは変わらず、年齢が上がるにつれ、「この技の出来をもっとよくしたい」とか、試合であれば「観客の人たちにびっくりしてほしい」という思いへと発展していきました。引退するまで、常に自分の演技を良くしていきたいという思いは持ち続けていました。

こうした思いが、一般的に用いられているモチベーションという言葉に近い感情だったかもしれませんが、私にとっては漠然とした「やる気」を指すものではなく、より明確なものだったのです。

自分が高校時代にシェルボの映像を見て、「こういう演技をしてみたい」と憧れを抱いたように、高校生が「こんな技ができたらいいな」と思ってくれたらうれしいと思っていましたし、作品を作り上げたいという思いが私の体操の源泉になっていました。

## 意欲とモチベーション

こう書いてくると、「優勝」や「代表」ということに対して淡泊だったのか、という疑問が湧いてくると思います。もちろん、高校時代はインターハイの優勝を狙っていましたし、代表にも入りたかった。自分の気持ちを素直に表現しようとすると、間違いなく、結果に対する「意欲」はありました。代表に入ってからは、世界選手権で勝ちたい、オリンピックでメダルを取りたいという意欲はあったのです。ただし、メダルに代表される「賞」が欲しいという気持ちではないのです。その根本にあるのは、自分が目指していることを演技することで、これこそが、意欲の源、私にとってのモチベーションでした。そしてそれをしっかりと表現したうえで、自分の演技が世界的にどう評価されるのか。順位付けはその結果でしかなく、メダルが獲得できたら、それはご褒美のようなものでした。

私が感じていたのは、こうした意欲を持つようになると、日ごろの練習への心構えも変わってきたということです。「優勝するためには、こういう練習をしなければならない」という考え方ではなく、「本質的に、こういう演技をしたい」という発想が自分のスタンダードとしてあるため、その日の気分によって練習に気持ちが乗る、乗らないといったことはありませんでした。

メダルを取りたいから練習、演技をするのではなく、試合は積み上げてきたものを披露する場所です。その延長線上に、自分の演技に対して観客の人たちがどんなリアクションをするのか、そして審判はどんな評価をするのかがあり、それを楽しみにしていた感じでした。

## 大会の結果は、次のステップを考える材料に

いまの学生が使うモチベーションという言葉に則して考えると、ひとつの大会、目標としていた大会が終わると、モチベーションが上がらない……という言葉を口にすることが多いような気がします。

おそらく、「この大会で優勝したい」とか、「あのライバルに勝ちたい」ということを目標に置いていたりすると、ひとまず大会での結果が出たことで、モチベーションのレベルが上げづらい状況になってしまうのでしょう。

私の経験では、オリンピックのような特別な舞台は別として、大会での結果をモチベーションとしたことはありませんでした。

私の大会に対するアプローチは、「この大会でこれだけの演技をしたい」というターゲットを決めることでした。ただし、それがゴールではありません。たとえば、高校時代のように「大会で新しい技をひとつ入れ込む」といった考え方は、その先の大学での演技を見越したものでした。ひとつの大会は、その先の大きな目標への途中経過を確認

するものなのです。そして、大会の結果を受け、次の大会へ新たな目標設定をしていく。私の場合はその繰り返しが、オリンピックへとつながっていったわけです。

大会で演技するのも楽しみでしたが、そこで課題を抽出することもまた楽しみでした。新たな課題が見つかったとすれば、それを解消するために、どのような練習が必要か。うまく演技ができたとしても、次の大会に向けて、どうやって上乗せしていこうか。これはとてもクリエイティブな作業で、引退するまでこの作業の繰り返しが楽しく、そこにはことさらモチベーションを上げるという要素は必要なかったのです。

## 到達目標はモチベーションといえるのだろうか

いまは、学生を指導する立場となりましたが、モチベーションという言葉を使って学生をうまく導くためには、参加する大会をどのように位置づけるかが重要だなと思っています。

私は体操に向き合うとき、まずはゴールを設定し、その達成への道筋を作っていきます。

目標達成のために必要な課題はなにか？　それをどんどん突き詰めていくのです。すると、インターハイで勝つためには、この要素が必要だと理解し、技を磨く。高校で勝ってからは、大学で活躍できるように技の仕込みを高校のうちからやっていく。そして大学に入ってからは、技を増やし、精度を高め、最終的には国際舞台で勝負できる選手になる。代表になってからは、オリンピックでメダルを取るには、その前年までにこのレベルまで引き上げておかなければならない、といった道筋が見えてくるわけです。

私はこうしたロードマップを考えるようにしていましたし、それを実現させるための練習が好きだったのです。

この発想がすべての人に当てはまるとは限らないと思いますが、私の場合はやることに迷いがなくなるのでこの方法が合っていました。長期的なゴールが決まれば、大会に合わせて月間目標、週間目標が自然と見え、日々、取り組むべき練習が明確になっていく。現役時代は、その目標達成のために忙しかった記憶しかなく、「うまくなりたい」という意欲が、日々の練習を前向きにさせてくれたのかと思います。

こうした経験があるので、学生たちには目先の大会をゴールとせず、最終的に演技者としてどこに到達したいのか、そのイメージを持って考えてほしいと願っています。指導者が手伝えることは、学生が立てる目標があまりにも高すぎたり、現実味がなかったりしないよう、適切に目標を設定させることです。身の丈に合った目標こそ、練習への推進力を生み出し、長期的なモチベーションの維持に貢献するからです。

## 課題発見に独自性が生まれる

私の場合、「うまくなりたい」という欲求が客観的に見ても強かったのかなと思います。そして上達の鍵になったのは、自分自身で課題を発見する能力だったと思います。

私の課題設定の特色は、細部にこだわることでした。

課題の設定が細かいか、それとも大雑把なのかで、得られる結果が大きく違ってきます。

演技というひとつの流れの中で、やろうとしている技がひと通りはできて、着地も大きく乱れることはなく決められた。客観的に見ても「成功」と呼ばれる演技ができたとしましょう。

しかし、ここで満足してはいけません。ここから違いが生まれるのです。どのように成功したのか？　そう考えられる選手は、伸びしろが大きいように思います。成功したことで満足して細かい課題を置き去りにしてしまうのではなく、成功でも、課題、違いを見出して取り組む選手は、練習に対してストイックになり、練習にも工夫が見られるようになります。

体操の場合、成功したか、成功しなかったか、という二元論では成長のスピードが鈍ってしまうのです。「成功」という言葉に満足しなかったり、そこにとどまらない発想を持つことが重要で、そこに行きつくためには、細かい感覚の受け取り方が重要になります。

私の場合は、理想とする体操のイメージを持ち、それを実現させるために細部へのこだわりを持ったことで、日本、世界の大舞台で演技することができるようになったのかなと思います。

では、細かい感覚を養うにはどうしたらいいか、ということになってきます。そこで大切になってくるのが、幼少期から中学にかけての感覚の養成です。

幼少期に動きの中で「自分がどのように動いたか」を感じ取っていれば、中学生くらいになるとそれが明確に言語化できるようになってきます。この段階で映像の確認に頼るのではなく、やはり自分が演技をしてどう感じたのか、言葉にしていく作業が後々の成長につながると思っています。課題発見の面白さに気づけば、オリジナリティ、クリエイティビティが発揮できる土壌が耕され、体操競技がどんどん面白いものになっていくはずです。

## メンタルの強さって？

モチベーションと同様に、最近のスポーツ界でよく取り上げられる言葉が「メンタル」です。

現代は、スポーツと心理学との協同作業も増えてきましたが、メンタリティ、メンタルトレーニングなど、「心」に関する様々な言葉が指導の現場でも多く使われています。

実際、選手たちからも、

「自分はメンタルが弱いから、試合では能力を発揮できずにミスをしてしまう」
「試合で緊張してしまって、練習通りの力が発揮できなかった」
という声を耳にしたりします。

大学生でも競技を続けている選手は、高校時代にある程度実績を残している人が多いのですが、決して自信に満ちているわけではありません。試合になると慌ててしまうというか、練習のときとはまったく違う動きになってしまい、大学の体育館で練習していたときのほうがいい演技ができていたな、ということはたしかにあるのです。

指導者の立場になると、「なぜ、自分のチームの選手たちは緊張するのだろう？」と考えざるを得ません。私の指導経験の中でも、普段の練習はしっかりできていて、「この選手なら安心だ」という学生が、いざ、試合となると鉄棒に飛びつく方向がいつもと逆で、「あれ、試合でこんなに動揺するタイプだったかな？」と驚いたことがありました。

緊張するタイプとして考えられるのが、

・試合そのものに緊張してしまうタイプ
・結果を意識しすぎてしまうタイプ

といったところです。

試合で緊張してしまう選手の場合、特に団体戦でプレッシャーを感じる選手が多いようです。

私のように感覚が鋭敏になり、団体戦でしか味わえない感覚を知ってしまうと、もう試合が楽しみで仕方がなくなるのですが、一方で失敗を経験してしまうと、団体戦にはほろ苦い思い出を持ち、苦手意識を持つ人も少なくはないのです。

高校時代までに所属したチームが勝利にこだわるチームであればあるほど、団体戦での失敗がトラウマになってしまう選手がいるように思います。それが積み重なっていくと、試合になると緊張が増してしまい、同じような局面を迎えた場合に力が発揮できないということが起こり得ます。下手をすると、「試合に出たくない」という選手も出てきます。

もしも、私がアテネオリンピックで演技の前に集中できず、失敗していたとしたら……。その後の団体戦に対しては、複雑な思いを抱いていた可能性はあります。団体戦は感覚を磨くチャンスであるとわかっていても、気持ちを整えないと失敗のリスクも大きくなるとか、そうしたネガティブな面に目が行っていたかもしれません。

成功と失敗は、紙一重ですから。

不思議なもので、失敗というものは、意外にチームのメンバーは覚えていないものです。周りは、それほど気にしていない。ところが、失敗をした本人はいつまでも覚えています。

私が思うに、失敗のもたらす怖さは、「ミスをしてしまった」とか、「落下してしまった」という結果だけに目が行ってしまうことです。ひょっとしたら、ミスの中にも自分が成長するチャンスが眠っていたかもしれない。失敗を深刻に捉えすぎると、機会を見逃してしまうどころか、どんどん悪い方向に発想が流れてしまうリスクがあります。

指導者として難しいのは、選手が失敗した過去をあまり語りたがらないことです。こちらが「どうしたのかな?」と思い、いろいろと話していると、中学生のときの失敗が気になっていたり、思わぬことが足を引っ張っているケースがあります。

たとえ失敗をしたとしても、それをどうやってプラスに働かせられるか、それは本人だけではなく、指導者の導きが大切だろうな、と深く感じています。

## ゴールを見すぎてはいけない

失敗は過去の「傷」かもしれません。一方で、選手が近い将来のことを見過ぎて失敗するケースもあります。

試合では、選手が「ゴールを見すぎている」ケースがあります。

試合の流れに則して説明していきますが、最初の種目は誰でも緊張するものです。男子の場合、6種目で演技をするうえでは、特にミスの可能性が高いあん馬が1種目目のローテーションだったりすると、緊張度は増します。それでも最初の種目を無難にこなせば緊張もほぐれ、2種目目からは比較的平常心に戻っていくことが多いのです。

再び、内面に緊張感が高まってくるのは、4種目目が終わったあたりからです。順位がある程度見え、勝ち、あるいは負けを意識するようになると、また緊張感が頭をもたげてきます。

私の感覚では、最初の種目の緊張感と、終盤での緊張感はまったく質が違います。試合に入るときの緊張感は、先ほど書いた通り、自然なものです。このとき感じる緊張は、

「きちんと演技できるだろうか?」という自分に対する疑問であり、緊張です。チェックすべきポイントはどこか、演技を通しで頭の中でおさらいしたり、確認したりすることで集中力を高めていき、なんとか乗り越えようと努力するわけです。

ところが終盤戦の順位を意識した緊張感は、演技を考えた場合には余計なものでしかありません。順位に気を取られたり、ミスに対して過敏になってしまったりすると、演技自体の注意ポイントが疎かになってしまうのです。アテネオリンピックの団体決勝、鉄棒の演技の前に私が感じたプレッシャーはこうした種類のものでした。演技には関係のない、余計な要素が入ってくることによって、演技に向かうリズムが狂ってしまうのです。

私の経験では、演技前に「勝ち負け」や「表彰台」を意識すると、プラスになる要素はほとんどありません。変なたとえですが、演技の前に、「今日は晩ご飯なに食べようかな」と思うくらいムダなものです。

演技に入るときは、練習で培ってきたものが財産であり、そこに集中すべきで、現在の順位や、その先の結果を見過ぎてしまうと、かえって緊張感が高まり、演技に悪影響を及ぼしてしまうのです。

また、順位を目標にしていると、そこに到達できないとわかってしまったときにも、メンタルに影響を及ぼします。「ああ、表彰台に届かない」とか、「上の大会に進めない」とわかった時点で、緊張の糸が切れてしまうことがあるのです。そうなってしまうと、なかなかいい演技はできません。

こうしたケースを見ていると、順位を目標にするのはリスクがあると思います。やはり、目標は自分の演技に対して持っていたほうが、その後の成長にもプラスになるはずです。

## 「緊張」という言葉を捉え直してみる

メンタル面についてのことをいろいろと考えてきましたが、私は「緊張」という言葉を捉え直したらいいのではないかと思っています。

日本では緊張という単語はネガティブなものとして捉えられることが多いでしょう。高校生と話していると、「試合前に緊張してしまうのですが、なにかいい解消法はありませんか?」という質問を受けることが珍しくありません。これは体操に限らず、多くのスポーツでそう感じる選手が多いようです。

私は、緊張しないとダメだと思うのです。

人間は、緊張しなければ結果を引き寄せられない。なぜなら、緊張感は試合、演技においてプラスに働くことが多いと、経験として感じているからです。

そもそも、人はなぜ緊張するのでしょうか?

きっと、スポーツであれば、競技に対して真剣に取り組むからこそ、心に緊張が生まれるというのが私の解釈です。勝敗がかかったプレッシャー、練習でやってきたことができるかどうかという不安。様々な要素が絡んできますが、しっかりと練習したからこそ緊張する、と考えたほうがいいような気がします。

練習不足で試合前にプレッシャーがかかってしまうのは、緊張ではなく、単なる不安でしょう。

私の試合経験でいえば、緊張感の中で演技するからこそ、達成感が得られるのです。緊張感をもって演技に入り、ミスなく通せたときの充実感。緊張していたからこそ、そこから解放されたときの気持ちは表現しがたいものがあります。

私が強調しておきたいのは、試合の緊張感は感覚を研ぎ澄ますということです。緊張している場面というのは、同時に集中力が増しているときでもあります。そうしたときに演技に入ると、どうなるか。

感覚が鋭敏になっていることによって、演技中に生まれた動きの感覚を、瞬間的に察知することが可能になるのです。

緊張感に包まれた中でつかんだ感覚は、練習では得られないものなのです。一方で、試合中に「この感覚じゃダメだな」ということを感じる場合もあります。研ぎ澄まされた感覚の中だと、得られるものだけではなく、捨てるべきものもわかってきます。集中力は、いろいろなヒントを与えてくれます。

だからこそ、緊張は自分の味方だと捉えてほしいのです。

## 緊張感とどう向き合うか

試合という舞台。そして緊張感が新たな可能性を開いてくれると体験的に理解していたので、試合で演技をするのが私は楽しみであり、緊張感自体をマイナスに捉えることはなかったわけです。

ただ、必要なのは緊張感と向き合い、適切に対処していくことでしょう。

厄介なことに、緊張感にはまったく同じものはなく、いつも表情を変えて自分の前に登場してきます。小学生、中学生、高校生、そして大学生からは世界で演技をしてきて、一度たりとも同じシチュエーションになったことはありません。いくら経験を重ねていたとしても、私がアテネオリンピックの鉄棒の演技の前に緊張しないよう、適切な準備を事前にすることは不可能でした。体操の場合は変数が多く、対処方法がそれぞれの場合で違ってきます。そうなると、緊張とはいっても千差万別、個人が対処法を見つけていくしかありません。

対処法の基本は、落ちついて自分と向き合うことです。

得点や演技順、会場やライバル。当然のことながら「これ、どこかで経験したな」というようなことは絶対にありません。そうなると、落ちつくために外的な応援を得ることは難しくなります。たとえば、特定のチームメイトに言葉をかけてもらったり、手を握ってもらったりといったアクションを落ちつかせる方法にしてしまうと、そのチームメイトがなんらかの理由でいなかった場合、それはルーティーンにはなり得ません。

私が解釈するに、ルーティーンとはなんらかの方法を用いて、自分と向き合うことです。方法とは、深呼吸であったり、演技に向かう前に水分を補給したり、具体的な行動によって心理的に落ちつく方法を探していくことが、選手にとっては必要だと思います。

緊張に関しては、アカデミズムの分野でも研究が進んでいます。現役時代に私が被験者として協力した研究がありました。手のひらに汗を感知するセンサーをつけた状態で、難しい計算問題をパッと出されたり、「試合で演技する前のことをイメージしてください」といったことを出題されたりしました。そうした場合、手のひらにどんな反応が生まれるのかを調べるのです。

そのときは順天堂大学の体操競技部の選手がメインの被験者になりましたが、個人によってかなり反応が違うことがわかりました。手汗が出る選手もいれば、ある問題では私と鹿島だけがまったく無反応ということがあったのです。

それは国際舞台の経験の差なのか、それとも私と鹿島がもともとそういうタイプなのかは立証できない事例ですが、人によって反応は様々なのです。その研究結果として、試合で緊張する選手と、反応が大きい選手に関しては整合性が見られたのです。

今後は、より研究が進み、緊張のメカニズムが明らかになっていくと思いますが、私個人としては自分と向き合い、落ちつく方法を確立することが大切だと思っています。

## メンタルトレーニングは必要か

緊張を和らげる、あるいは試合によりよい状態で入るためにメンタルトレーニングを導入している選手も多くなってきました。スポーツの世界では、もともとはゲーム中での早い切り替えが求められるテニスで発展したものですが、１９９０年代あたりから、多くの競技で広く取り入れられるようになってきました。

ただ、私はメンタルトレーニングをあまり必要とはしていませんでした。否定するわけではありませんが、自分としては特に困っていなかった、というのが正直なところです。こう書いてしまうと、身も蓋もない感じですが。

スポーツでは、「なにかがうまくいかない」ときに原因を探りますが、「メンタルが弱いから」という仮説のもとに、それを克服するためにメンタルトレーニングを用いるわけです。

私の場合、自分のメンタルに原因を求めることがほとんどなく、むしろ、技術的な課題を克服することが上達の道だと思っていたこともあり、「メンタルが弱い」とか、そうした発想にはならなかったわけです。

現役時代を振り返ってみると、「洛南365日」ではありませんが、私にとって体操競技は完全に日常化を目的としたものであり、自転車に乗ることや、歩くことと同じになっていました。自転車に乗るときには別に緊張しないわけで、体操をするのも同じようなもの、というのが私の感覚で、ことさら試合だからといってなにかを意識する必要はなかったのです。

ただし、いろいろと勉強するようになって、自分が試合で心がけていたことが、メンタルトレーニングの手法に近いものがあったのかな、と感じたことはあります。

それは、視野を広く持つということです。

人間は、集中すればするほど、視野が狭くなります。目の前のことしか見えなくなるのは、人間として自然なことなのです。ただし、そうすると目に入ってくる情報が少なくなるというマイナス面が生まれます。

体操の試合では集中することはもちろん大切ですが、ある程度はリラックスして、広い視野を持つことも重要です。私も、あまりにも集中しすぎたがために、演技がうまくいかなかった経験があります。その経験をしてから、会場全体を見渡してリラックスするように心がけるようにはしていました。それによって、落ちついて演技に向かうことができたのです。

ただし、周りを見渡すことで集中力を失い、人によってはマイナスに働くこともあるでしょう。自分よりも格上の選手が落ちつきはらっているのを見て、「やっぱり、違うな」と思ってしまっては、戦う前から勝負は決まっているようなものです。実力を持っている選手を見るならば、試合前になにをしているのか、ルーティーンなどを観察したほうがプラスになるはずです。

要は自分がいい状態で演技をするためには、どうした手順が必要かを把握しておくのが大切なのです。

モチベーションやメンタル。心の問題は、演技の出来栄えを左右します。日々、前向きに練習に向き合うためのモチベーションの持ち方を探る。そして、「自分は緊張するタイプ」だからと自信を失うのではなく、「緊張しているのは、準備が整った証拠」と思えるような発想の転換。落ちついて自分の力を発揮できる方法を把握すること。演技に対するそうした整え方を身につけることで、自分が納得できる演技に近づいて行けるはずです。

SPIETH

# 第4章

# ゴールを設定する力

## ピーキングという発想

前の章で書いてきたモチベーションは試合に向けての心構えを指し、メンタルトレーニングは試合に臨む際に、よりよい精神状態を作ることを目的としたものです。

この章では、試合に向けて重要な「計画性」に焦点を当て、「ピーキング」という言葉を使いながら、最高のパフォーマンスを発揮するための準備について考えていきたいと思います。この考え方を応用すれば、競技以外のいろいろなことにも活用できるのではないかと思っています。

試合本番を最高の状態にもっていくために準備していくことを「ピーキング」と呼びます。

ピーキングには様々な時間軸があって、オリンピックを目指そうとするならば、この大会は原則として4年に一度しかないので、より計画的に、そして大会が近づいてきた場合には繊細に準備をしていく必要があります。

体操ではオリンピックとオリンピックの間には、世界選手権があり、国内の大会があるわけですが、キャリアを重ねてくると、ターゲットとする大会に向けて調子を整え、演技を仕上げていくタイムラインを把握できるようになってきます。

ピーキングを作っていくためにはフィジカル、体調管理が大切になることは間違いありません。私の場合、大会1ヵ月前にはいつでも演技ができる状態にしておき、そこからひと月は体調を崩したとしても回復できる期間を設けておきます。

選手によっては、あるタイミングで練習の強度を上げて体調をいったん落としておき、回復を待って本番を迎えるという人もいます。経験からリカバリーに必要な時間を把握していれば、そうしたことも可能になってきます。

そうした中期的なものもありますが、基本的には体調管理は毎日のことですから、コロナ禍でみなさんが実践しているように手洗いを欠かさず、バランスの良い食事をとり、睡眠時間を確保することが大切です。体調を崩してしまうと練習が滞ってしまいますから。最近は、こうした基本的な公衆衛生習慣の他にも、栄養学の発達によって、練習直後に回復を促す補給が奨励されるようになりました。

## 実は、歩くのが苦手でして……

ピーキングについて個人的なことを書くと、現役時代、特に気をつけていたことがあります。

あまり、歩かないようにしていたのです。

みなさんの頭の中に「?」のランプが点灯していることが想像できますが、自分でもどうしてかはわからないのですが、歩くのが苦手だったのです。

いまも長い時間歩くことはできないと自覚していますが、現役時代はどうしたことか、「ちょっと駅まで歩く」とか、「近くのコンビニまで行く」といった10分ほどの歩行でも、すぐに人一倍疲れてしまっていたのです。なぜかはわかりません。体操選手の特徴として、上半身と腕が重たいので、それをずっと振る運動が疲労につながるのか、いろいろ考えてみたりはしましたが、原因は究明できませんでした。

歩くのが苦手と自覚してからは、試合にピークを合わせるためにも、長時間どこかに歩いて出かけるということは避けていました。遠征先などでも、ホテルから歩いて10分、

15分の距離にあるところに行くとなっても、それだけで疲れてしまうので、車で移動することも珍しくないほどでした。そうなると、休日にリラックスする時間を作るにも、家の中で過ごすほうが自分には合っていました。

歩いただけで疲れてしまうというのは、「体操選手あるあるなのかな?」とも考えましたが、大学、社会人と一緒に時間を過ごすことも多かった鹿島丈博には当てはまらず、鹿島は遠征先でもよく歩き、いろいろなものを見たりしてリラックスするタイプだったので、すべての体操選手がそうだというわけではなさそうです。

理由は本当にわかりませんが、歩くことが体力の消耗につながると把握してからは、基本的に体操の練習に支障をきたすような行動は慎むようになりました。疲れない範囲で行動することを常に頭に入れておきながら、試合に向けてコンディション作りをしていたのです。

自分には、散歩が趣味とか、きっと一生無理だろうなと思います。

## 試合に向けてのロードマップ

歩かないというのは日常生活における注意点で、一般的な悩みではないと思うのですが、こうした短期的に注意することだけではなく、試合に向けた長期的なゴールを設定する力がアスリートの成長、成功にとっては、とても重要になってきます。

体操の場合、試合に向けての演技構成は、2ヵ月、3ヵ月ほど前から本格的に練習に取り組み始めます。それでも、いきなり練習の強度を上げるということはなく、私の場合は徐々に強度を上げていき、試合の1ヵ月前に練習のピークが来るように計画していました。つまり、試合のひと月前に疲労の山が来るように自分を追い込んでいました。

振り返ってみると、自分がいちばん大切にしていたのが、「試合1ヵ月前」の状態でした。練習の強度が上がっているこの時点では、成功ばかりを追い求めるわけではなく、自分が試合で求めていることに対して、どの程度まで追い込めたかどうかを確認することが大切でした。

その時点で、どれだけ、体力の増強を意識してトレーニングできているか。

どれだけ、試合に向け、考えて行動しているか。

私の感覚としては、試合1ヵ月前の時点で、練習内容の良し悪しに神経質になるよりも、がむしゃらに自分を追い込んでいれば、ちょうど試合の時期になって実を結ぶと考えていました。

ここまでしっかり追い込んでおけば、体、神経系統が演技を覚えているものなのです。そこからは体がその練習強度に順応していき、同じ練習内容でも体に対する負荷は軽減されていくこととなり、コンディションが整えられるようになっていきます。演技としては細部をチェックし、仕上げに入るという作業になってきます。

アスリートには、ピーキングについていろいろな考え方があると思いますが、私の場合は、試合の日にちょうど合わせるという考えよりは、コンディショニングは別として、演技内容としては、1ヵ月前からいつでも試合はできますよ、という状態に持っていくのが理想でした。

なぜかというと、追い込んでいくと風邪をひきやすくなったり、どこかで体調を崩しやすくなります。それは、試合前には避けたい。

練習の強度のピークを1ヵ月前に持っていくのは体調面を意識していたことも大きな

要素としてありますし、もしも、体調を崩したとしても、演技の内容が固まっていれば、1ヵ月あれば回復は可能だと考えていました。

余裕をもった準備。それが納得のいく、美しい体操には欠かせない要素でした。

## 頂点を極めたあとが難しい

演技構成をイメージし、3ヵ月ほど前から大会に向けて練習に入っていくというタイムラインを作れるようになったのは、高校生くらいだったでしょうか。中学時代はひたすら基本練習の反復に時間を費やしていたので、そうした余裕はありませんでしたが、高校2年のインターハイで優勝し、大学を見据えた練習を始められるようになってから、そうした「試合に向けての準備」ができるようになってきたかと思います。

そして大学生になってからは、国内の選考会で上位に入り、国際大会でどんな演技をするかをイメージしていく。ひとつの国際大会での結果が次の課題を生み出してくれ、その解決方法を考えつつ、次のシーズンに向けて準備を進めていく。その繰り返しが私の体操人生でした。

私が世界の舞台でもっとも結果が残せていたのは、２００３年から２００６年あたりにかけてです。

２００３年、セントラルスポーツに入社した年にアメリカ・アナハイムで行われた世界選手権に初めて参加し、団体総合と個人総合で銅メダルを獲得。このときの経験が翌年、２００４年のアテネオリンピックにつながっていきます。

そして２００５年、オーストラリアのメルボルンで行われた世界選手権では念願の個人総合での金メダルを獲得することができました。

実はあとから知ったのですが、当時流行していた占いによると、この年は大殺界という良くないとされる年回りだったそうです。たしかに国内大会では４大会連続であん馬を失敗したり、競技会当日に熱が出て体調を崩したりするようなこともありました。それでもしっかりと失敗の要因を突き詰め、練習内容を工夫し、体調面でもより気を使うことで、世界選手権の金メダルにつなげることができました。たとえ占いで良くない年とされていても、そのアドバイスをしっかり受け止め、細心の注意を払い行動することで、良い年にもなり得るということを証明できたのではないでしょうか。

そして翌年の2006年、デンマークのオーフスで開催された世界選手権でも団体で銅、個人総合でも銀メダルを獲得できたので、社会人になっての数年間は、自分のキャリアでも充実した時期を過ごすことができたと思っています。当時所属していたセントラルスポーツの多くの方々には本当に感謝しています。

結果としては順風満帆でしたが、この時期あたりから難しい課題に直面していました。オリンピックの団体、そして世界選手権で個人総合のトップに立ってから、その次のゴールをどう設定するべきか、かなり難しい時期に差し掛かりました。

体操に限らないと思いますが、スポーツでは一度頂点に立ってしまうと、勝ち続けること、連覇するのが難しくなるといいます。周囲からは「勝って当たり前」と期待される一方、自分をさらに向上させなければ、次に勝つのは難しくなります。レベルが高くなってくると、成長幅も少なくなってきますから、成長すること自体が難しくなります。とはいえ、維持だけで満足するわけにはいかず……という状態になってきます。

私個人の経験では、2005年に世界選手権で個人総合を制してからは、翌年の2006年から採点基準が変更され、10点満点方式が廃止されたこともあり、目指すところが漠然としてしまったというか、ボヤけてしまった部分がありました。

それまでは、周りの選手たちや審判、そして観客の人たちに対して、「より優れている演技をお見せしたい」という思いで試行錯誤しながら練習に取り組んでいたわけです。ところが、いざトップに立ってみると、次のターゲットが見つけづらくなってしまいました。

本来ならば、その方向性を継続すればよかったのかもしれませんが、私としてはさらに上を目指そうと考えました。それが自分の成長につながると思ったからです。

私が洛南高校のときに描いたシェルボのような理想像を、自分なりに追い求めてみたい。では、追い求めるにはどういった方法論があるのか？　そこからは悪戦苦闘です。

自分がシェルボに対して感じた憧れを、いまの若い選手たちはどうしたら抱いてくれるのか。そのためには、演技でどのように訴えかけていけばいいのか、それをずっと考えたりしていました。

ところが、それが曖昧なまま推移してしまい、自分の中でゴール設定が難しいまま2008年の北京オリンピックまでの時間が過ぎてしまいました。

いま、振り返ってみると、理想像を追求するのは良かったとは思いますが、その理想像を具体化できなかった、曖昧な理想像しか描けなかったところに、若干自分自身が混乱してしまった原因があったように思います。

## 頂点に立ってから、考えていたこと

世界で金メダルを獲得してからは、試合に対しての向き合い方にも、変化がありました。以前、試合で感じていたような新しい感覚を味わって次に生かしていこうという前向きな意欲よりも、次のような言葉が頭に浮かんでくるようになりました。

「チャンピオンであるからには、こうしなければいけない」

「絶対に失敗したらいけない」

「完璧にやらないといけない」

語尾に「いけない」とついているように、発想がネガティブな方向へと走りがちで、勝ったからこそ、保守的になってしまったような感じでした。

実際に、保守的になる要因はあったのです。アテネオリンピックの団体で優勝して、日本の男子団体としては、どうしても連覇を期待されます。それは1960年代から

１９７０年代にかけてオリンピック、世界選手権の団体で連覇を遂げてきた日本の体操の宿命なのかもしれません。しかも、２００８年のオリンピックの開催地は北京。中国は、アテネオリンピックの団体で金メダル獲得の最有力と見られていたものの、５位に終わってしまい、プライドにかけて巻き返してくるのは目に見えていました。最大のライバルは中国。その中国に、相手のホームでどうしても勝たなければならないという思いが先に立ち、保守的な方向に発想が流れていきました。

加えて、年齢的にも上の立場になり、日本チームのキャプテンを任されるようになりました。

この時期は「うまくなりたい」という欲求は変わらずにあったものの、未知の領域に突入し、演技構成のアイデア、そして練習でも試行錯誤が始まります。

さらに上に行くということのイメージが漠然としているので、練習の段階でも、「なんとなく、こっちの方向だろう」という曖昧な感覚に頼らざるを得なくなっていました。

また、オリンピック、世界選手権で頂点に立ったこともあり、コーチ陣も「冨田は任せておいても大丈夫だろう」というスタンスになっていったと感じます。実際に、体操の世界では競技力が高くなればなるほど、そうした雰囲気が濃厚になってきます。結果を残せば残すほど、自分の中のクリエイティビティが問われるようになるのです。

## トップ選手が求めるコーチングとは

テニスやフィギュアスケートのような他の競技の世界を見ても、トップに近づけば近づくほど、どんなコーチとパートナーを組むのかを決めるのは、とても難しい問題なんだろうなと感じます。

たとえば、テニスの錦織圭選手は全仏オープンの優勝経験者であるマイケル・チャンさんにコーチを依頼していますが、技術面はもちろんのこと、世界の大舞台に立ってみないとわからない感情だとか、あるいは世界で戦い続ける発想を身近で感じているのかな、と想像します。そうした感情的な部分のことを技術として落とし込むのは困難でしょうが、コーチの経験がヒントになったりすることはあるでしょう。

フィギュアスケートは体操と同様に「演技」という単語が使われるように、表現力が求められる部分で体操との共通項があります。日本国内のフィギュアスケートの選手とコーチの関係性を見ていると、当初は国内でコーチングを受け、競技力が上がっていって世界の舞台で戦うようになると、海外のコーチや振り付け師の指導を受けるようになっています。それは、さらに高い表現力を求めてのことでしょうし、過去に世界チャンピオンを育ててきたクリエイティビティ、経験を求めて海外のコーチングが必要になってくるのかなと思います。

私が選手として迷っていた時期のことを思い出すと、周りに「勝ったことがある人」がいるというのはとても大切なことだと思います。最近使われる言葉だと、「メンター」という単語がいちばん近いでしょうか。日本語では人生や、その道での「お手本」に近い意味だと思いますが、コーチに限らず、少し上の世代に世界チャンピオンがいれば、手探りではなく、進むべき方向に向かいながら試行錯誤できたのかなと、いま振り返ってみれば思います。

手前味噌になってしまうかもしれませんが、私や鹿島たちの世代から、次世代の内村航平選手にタスキをつなぎ、そしていま、内村選手が現役を続けながら、そのまた次の世代へと、「体操ニッポン」の大切なことを伝えてくれていると思います。世界で勝つためのスタンダードや、お互いにアドバイスし合って競技力を高めていくという風土を継承していくのは大切なことです。一度、途切れてしまうと復活させるのは難しいことですから。

## メンターの必要性

こうしたことを書くのは、私の場合、2005年に世界選手権の個人総合で優勝したあとに、体操選手としての転機が訪れたからです。先にも書きましたが、2006年から国際体操連盟が採点基準を変更し、10点満点制度から、技の難度によっては、理論上は得点が青天井になるルール変更が行われ、どういった体操を提示していくべきか、迷いが生まれました。

評価を得るためには、完成度よりも、難度を求めなければいけないのか？　演技を作っていく段階でも手探りの状態が続き、「こちらの方向だろう」と思って進んでいたのに、結局、方向が間違っていたとか、「これじゃ、うまくいかないな」と途中で諦めてしまったことも度々ありました。また、あるときには、「トンネルの先が見えそうだけど、すごく困難な道が待っている」のが見えてしまい、前の形に戻してしまったこともありました。

そうなると、好きで続けてきた体操なのに、達成感を味わえず、さらに試行錯誤をしなければいけない苦しい状態になっていきます。

ひょっとしたら、「こうじゃない」と思った段階からもう一歩足を踏み出していたら、また違う世界が見えたのかもしれません。ただし、それが正解なのかどうかは定かではありません。

メンターがいない状態でしたから、自分にとってはなにが正しくて正しくないのか、そしてまた、時間との兼ね合いで足を踏み出すべきなのか否か、正しい判断をするのが難しくなっていたと思います。

もしも、勇気をもって困難と予想された道に足を踏み出していたら、より体操の面白さを感じられたかもしれません。そのことを考えると、ちょっと残念な気もします。きっと、自分の動きをもう一度見直す機会になったでしょうし、そこから新たに生み出される技術、表現があったに違いないからです。恐れずにその道を選択していれば、体操をさらに深く考えるチャンスだったと思うので、そう考えるともったいないことをしてしまったな、という思いがいまはあります。

こうした状況を振り返ってみて、指導者になったいまの自分が、当時の自分にアドバイスするとしたら、「その道を進むのも悪くないよ」という言葉をかけると思いますし、なにより苦しんでいる状況でどのように考えるべきか、というところをサポートしていきたいと思うのです。

## 内村航平選手のすごさ

私はこうしてずいぶんと悩んだ時間がありましたが、それを考えると、内村選手は2009年のロンドンで行われた世界選手権から、2016年のリオデジャネイロオリンピックまでの足かけ8年間、世界選手権、オリンピックの個人総合で勝ち続けたわけで、これは相当にすごいことです。

内村選手とは2008年の北京オリンピックのチームメイトでした。生まれは私が1980年、内村選手は1989年ですから9歳違います。ちなみに彼は数少ない昭和

64年生まれです。この年は、昭和が7日間しかありませんでした。

私の印象では、２００８年の北京オリンピックが終わって12月に私が引退したところから、内村選手はガラッと変化したように思われます。まず、その年の北京オリンピックの個人総合で銀メダルを取って自信を深めたことに加え、これは推測ですが、私が引退したことで「自分が次のエースになる」という自覚が芽生えたように思いました。

その前後から練習内容が大きく変わり、それがそのまま演技の質の向上につながって、早くも２００９年にロンドンで開かれた世界選手権の個人総合で金メダルを獲得します。まだ二十歳のときですから、かなり早熟ともいえますが、そこから「日本のエース」として自覚がどんどん深まっていったところに内村選手の凄みがあります。

対人競技であれば、想定される相手がいて、そのライバルの技術が向上してくるわけですから、研究、研鑽、対策の立て方の道筋が見えやすくなります。ところが体操の場合、私の経験では、世界のトップに立ってしまうと、ひとりでさらに上を目指さなければならず、どういう理想像を目指して戦っていくかという勝負になってくるわけです。

そこで私は試行錯誤を繰り返すことになったのですが、苦しんでいたのは２００５年あたりから２００８年までの数年です。しかし、内村選手は２００９年に世界の頂点に立ってから、トップレベルの競技力を10年近く維持してきました。

いったい、どんな発想で体操に取り組んでいたのか。それは私にとっても興味深いことです。私のように漠然としたテーマを追いかけたのではなく、毎年、毎年、具体的な改善点を持っていたのではないか。いろいろな仮説は思い浮かぶので、いつか内村選手の話を聞いてみたい気もします。

4大会連続でオリンピック出場を決めた彼の話を聞いたら、自分があれこれ考えていたことは、余計なことだったかもしれない、と思うかもしれません。

## 勝者のメンタリティ

こう考えてくると、表現力、技術もさることながら、勝ち続けるためには目に見えない部分、「ゴールを設定する力」が重要になってくることがわかります。

最初に優勝するよりも、続けて優勝するほうが難しい。それは私の実感ですが、世界選手権の個人総合で優勝したあと、新たなゴール設定がしっかりできていれば、また違った結果が待っていたと思います。それを毎年繰り返し、一定の結果を残せば、「勝者のメンタリティ」が生まれるのだと思います。

そこで必要なのは、目標の具現化ということでしょう。

たとえば、連覇を目指してゴールを設定し、それをスローガンなり、言葉で表現するとします。そのときに、「去年より練習の質を上げる」、「去年よりもいい演技を見せる」といった抽象的な言葉では、道に迷ってしまう可能性があります。実際に練習でどんな努力をすればいいのか、迷ってしまうことになります。

それよりも、日々の練習で具体的にイメージできる言葉を持つほうが、正解に近づけるような気がします。

「もう一度勝つ」ではなく、どうやったらもう一度勝てるのか。

それを突き詰めて考え、具体的な練習メニューへと落とし込んでいく。

やるべきことを具現化することが、日々を充実させることにつながっていくと思うのです。この経験を後進の指導に役立てられたらと感じているところです。

# 第5章

# 体操を見る醍醐味

## 選手の成長を見届けてほしい

ここまでは私の体操経験や選手生活、そしてコーチングについても少し書いてきましたが、ここからは体操そのものの面白さをお伝えしたいと思います。

みなさんが体操を見る機会というのは、オリンピック、世界選手権、NHK杯など大きな大会に限られてしまうと思いますが、「視点」を持って見ていただければ、これまで以上に体操を楽しんでいただけるはずです。

競技には団体総合、個人総合、そして種目別がありますが、ルールの変遷によってもオールラウンダーが重要であったり、個別の種目に特化したスペシャリストが活躍したりと、時代によって変化が見られます。

その中で、日本はオールラウンダーを重視してきた歴史があります。オリンピックの歴史を振り返ってみても、個人総合では、1964年の東京オリンピックで遠藤幸雄さんが金メダルを獲得、1968年のメキシコシティー、続く1972年のミュンヘンと加藤澤男さんは連覇を達成しました。これは本当に偉大な記録です。そして1984年のロサンゼルスオリンピックでは具志堅幸司さんが優勝して体操ニッポンの存在感を示し、世紀が変わってからは2012年のロンドン、2016年のリオデジャネイロと内村航平選手が加藤さん以来の連覇を達成しました。

私はオリンピックでの個人総合ではメダルに縁はありませんでしたが、2005年の世界選手権の個人総合で優勝することができました。いまは指導する立場に変わりましたが、体操の醍醐味は6種目で競う個人総合にあると思っています。

人間には得意なこともあれば、苦手なこともあります。個人総合では、どのように苦手な部分を克服して演技を作っていくのか、そのうえでどのような試合展開で臨むのか、そうした部分に体操の面白さが凝縮されると思っています。

私のオススメは、応援する選手を決めることです。特定の選手を長期間見ていくと、6種目の中での苦手なものがわかり、それをどのように克服していくのか、工夫が見えてきます。そこに面白さがあるのです。その意味では、選手の成長をぜひとも見届けてほしいのです。

## 体操にも試合展開がある

また、団体・個人総合ともに「試合展開」が重要です。他の競技、たとえば野球などと比べると、試合展開という意味がわかりづらいかもしれませんが、選手にとっては種目の順番である「ローテーション」が重要です。

ローテーションとは、男子でいえば6種目をどのような順番で回って演技していくかということで、体操の競技会場に足を運んだことがある方はわかると思いますが、6種目の演技が同時並行で進んでいきます。決勝のローテーションは予選の順位によって決まります。つまり、最初はゆかで始まる選手もいれば、あん馬からスタートする選手もいるわけです。

ひとつのポイントは、選手にとっての得意種目が何種目目に来るのか、そしてもっとも試合で神経を使うあん馬が何種目目に来るのかは、とても気になるところです。加えて、6種目の中で、いちばん筋力を必要とするつり輪が何種目目になるかも大きなポイントです。正直、つり輪が最後になってしまうと、体力を消耗した段階で演技を迎えるので、どんな選手にとってもきついはずです。

また、試合が始まってからも、対応していかなければならないことが出てきます。たとえば、アテネオリンピックの団体決勝では、私が最後の演技者になりましたが、そのときは2位の国との点差を計算して、確実性の高い技を選択しました。

私が現役だった時代としては珍しいことで、私の場合は特に、練習してきた演技構成をそのまま試合に出すということを「美徳」としていました。時代が変わり、いまでは展開によって「技を抜く」ということが選択肢として増え、試合展開に合わせて演技をすることも選手には求められるようになってきました。

## 「正ローテーション」を覚えておきましょう

体操では、「正ローテーション」と呼ばれる流れがあります。

ゆか

あん馬
つり輪
跳馬
平行棒
鉄棒

これが選手たちにとって、いちばん体に馴染んでいるローテーションです。競技会では、予選で6位以内に入れば、決勝では正ローテーションのグループで演技をしていくことができます。

私自身も、ゆかから始まって鉄棒で終わる正ローテーションが好きでした。小さい頃から、その流れで演技をすることに慣れているのと、最初に体全体を満遍なく動かすゆかが来ると、しっかり体を動かしてからスタートすることができるからです。

ゆかで体を動かせば、次にもっとも神経を使うあん馬にもいい状態で臨めます。落下のリスクが高いあん馬をどう乗り越えるかということが団体・個人総合でもひとつの山場になっていきます。時代が流れて体操が変化しても、あん馬の難しさだけは不変のもので、団体・個人総合にしても、「あん馬を乗り切る」ということが勝ち切るためには重要なことになります。

実際、最初にあん馬が来るローテーションとなると、私の場合はかなり神経を使っていて、試合1時間前のアップで、まずはあん馬の技を確認し、一通り他の種目の技の確認が終わったあと、最後にもう一度、あん馬の技を確認。そして演技直前の3分間練習で最終確認というように、リスクが高い分、細心の注意を払って準備をしていました。その意味で、アテネオリンピックの団体決勝で、日本は正ローテーションに入りましたが、私はゆかの演技をしなかったため、私にとっての最初の演技種目があん馬だったのはかなり緊張を強いられることだったのです。

また、予選の段階で上位に入っておくことも重要になります。予選でトップに立っていれば、個人総合の疲労が出てくる終盤戦、5種目目の平行棒では最初の演技者、そして最終種目の鉄棒では最終演技者となり、回復する時間を多く取ることができます。テレビだけで見ていると、見過ごしがちなことですが、選手たちがそうした状況で戦っていることを頭に入れておくと、より楽しめるのではないかと思います。

## ゆかと器具の進化

ここからは各種目のポイントを見ていきたいと思いますが、正ローテーションに沿って見ていくことにしましょう。

最初はゆかです。ゆかに求められるのは、脚力、そして空中感覚です。脚力が強ければ、選手にとってゆかは比較的得意な種目になっていくはずです。ジャンプ力があれば、それだけ滞空時間が長くなり、その間にできる技が多くなるからです。コンマ数秒の差が、ひねりの回数に響いてくるわけです。

ここで見逃せないのは、器具としてのゆかそのものの進化です。特にこの10年間は器具の進化にともなって、技の開発も違うステージに突入した気がします。

もともとゆかはゴム素材がベースで、高さを出すためには持って生まれた脚力が有効な武器でした。しっかりとゆかを蹴って高さを確保しなければ、難易度の高い技に挑戦するのも難しかったわけです。ところが、ゆかの構造自体が変わり、ゆか素材の下にスプリングが入るようになってからは弾力性が高まり、いまではロンダート（倒立回転とび1/4ひねり）やバク転で勢いをつければ、ある程度の高さが確保されるようになり、タンブリング技（跳躍、ひねり、回転などを連続的に組み合わせた演技）が大きく進化したといえます。

つまり、選手の側からすれば、高さを確保する動作が省かれるので、高さが出ているのなら、「ひねり」を入れていったほうがいいという考え方に変化してきました。器具の発達によって高さが確保され、ひねりの仕掛けが早くなってきたわけです。

白井健三選手がマスコミで「ひねり王子」と呼ばれた背景には、もともと彼に跳躍力が備わっていただけでなく、ゆかの器具の改良によって他の選手では出すことができない高さを得ることが可能になったからです。その余裕が「ひねり」を生み出しているわけです。

一方で、ある程度高い所から着地するわけですから、それだけでも飛び跳ねてしまい、両足を揃えて着地することはなかなか難しくなってきたという新たな課題も出てきました。

着地は、テレビの視聴者の方にもわかりやすい技術です。両足がピタリと揃えば、「決まった」とわかりますし、一歩足が前に出てしまったり、バランスを崩して両手をついてしまったりすれば、「あ、失敗だ」とわかります。着地の巧拙は採点の印象に大きな影響を与えますが、器具の発達が着地の難易度を上げているのが現代の体操です。

## リズムが生命線のあん馬

ゆかの演技を終えると、続いてあん馬に入っていきます。これまでもあん馬は「もっとも緊張する種目」と書いてきましたが、バランスを崩すと落下、減点ということにつながってしまいます。

あん馬の技には、大きく5つの構成要素があります。分類していくと次のようになります。

振動系の技　脚で馬体を挟むようにして振動させ、その脚を入れ替える交差技。交差から倒立へと移行すると、難易度が上がります。

旋回系の技　大きく分けて、横向き旋回、縦向き旋回、開脚旋回の3種類になります。

移動系の技　いかにもあん馬らしい、旋回しながらの移動技です。よく見られるのは縦向き旋回で、馬端から馬端まで移動する「マジャール」と、縦向き後ろ移動の「シバド」が代表的な技です。

転向系の技　転向とは体の正面を「下向き」もしくは「上向き」のまま旋回運動を行う技です。特に「下向き」での転向技が現在主流で多くの選手が演技に組み入れています。

終末技　倒立下りがよく見られ、さらにはひねりを加えて難度を上げる技が見られます。

あん馬の技が5つの種類から成立していることを理解していただいただけでも、観戦の技術としてはレベルが上がっているはずです。

あん馬は、「円馬」と呼ばれる半球上の練習器具や、「コルト」という持ち手のない器具で練習を始めますが、習得のゴールがなかなか見えない難しい種目でした。

同級生の鹿島は、あん馬で世界を制した選手です。私は中学時代、あん馬が上達しなかったこともあり、鹿島の真似をしてみようとチャレンジしてみたことがありました。

やってみてわかったのは、鹿島は馬体を比較的強くたたくので、それを真似しようとすると、自分なりのリズムが取れなくなり、旋回自体が不安定になってしまうということでした。

とても鹿島の真似をすることはできないとわかったので、「鹿島のあん馬のエッセンスはなんだろう?」と考えました。すると、やはり手の着き方に行きつくのです。そこで、自分には決して真似はできないけれど、鹿島の着手が演技全体に対してどのような影響があるのかを考え、そのエッセンスを自分なりに変換してみたりもしました。

この経験から見えてきたのは、6種目のうちであん馬がもっとも真似しづらい種目だということです。

あん馬のリズムというのは、他の5種目には見られない質のもので、演技の間、静止することはほとんどなく、基本的には動きの繰り返しの中で、馬体の上を移動したり、旋回したりという動きを使いながら演技を構成します。

実は鉄棒も似たようなところがあり、同じく回っている中で離れ技を入れ込んだりするわけですが、鉄棒は比較的リズムがつかみやすいのに対して、あん馬は演技の最中に転調があったり、リズムが狂いやすい種目なのです。

あん馬では、自分のリズムで演技をしていかないと、ずっと力が入りっぱなしということになり、体力面で消耗してしまいます。実は、体操の場合、演技中も力を入れるところと、抜くところがあり、リズムが狂ってしまうと、力の抜きどころがわからなくなります。

たとえとしていちばん近いのは、水泳でしょうか。キックとストロークを使って前に進むわけですが、速い選手はきっと自分なりのリズムがあり、「このリズムで水をキャッチする」とか、「このリズムのときにキックを打つ」という感覚をつかんでいるはずです。

どんな競技でもスポーツでいい結果を残せる選手は自分のリズムというものを持っています。

鹿島は着手を強くすることで、独特のリズムを作り出していたのでしょう。真似しづらかったということは、それだけ鹿島のあん馬はオリジナリティにあふれるものだったのだと思います。だからこそ、世界を極められたのです。

## 腕力だけではない、つり輪の難しさ

さあ、3種目目に移ります。つり輪です。

英語ではringsと呼ばれるように、2つのリングを握って、技を構成していきますが、腕だけで自分の体重を支えるわけですから、腕力がポイントになるのは間違いありません。

つり輪の技には懸垂振動技、振動倒立技、力技や静止技があり、この中で、懸垂振動技は静止を求められませんが、その他の技は静止を求められ、腕力が要求される技が多いのです。

また、静止は2秒間しなければならず、それよりも短ければ減点の対象となっていきます。つり輪は腕力というパワーが重要でありながら、静止という行為が非常に大切な種目なのです。

では、腕力で静止ができるかというと、腕だけでは止まりません。静止で必要とされるのは、バランスなのです。体の重心をしっかりと制御しなければ、わずか2秒間ではありますが、止まることは難しくなるのです。

つまり、つり輪は腕力が重視されつつ、それが決定的な要素というわけではなく、バランスも必要とされる種目なわけです。

いま、学生たちを指導するにあたって、バランス感覚を伝えることに苦労をしています。静止だけではなく、十字懸垂や倒立などでも姿勢を美しく保つには、バランスをしっかりとつかんでおかなくてはなりません。

腕力は数値で計ることが可能ですし、鍛えれば選手も力がついてくることを実感できます。ところが、バランスは向上していることを実感するのが難しいのです。特に、伸腕で逆上がりをしながら、十字懸垂まで持っていく動きは、腕力とバランスの両方の要素が必要とされ、コツを伝えるのがとても難しい技です。

私の場合、バランスを取る自分なりのコツがありました。しかし、それはあくまで自分の「内観」というか、体の中で感じていることであり、これを一般化してうまく伝えることが難しいのです。「こうやってるよ」と伝えても、伝えきれていないことが多く、なかなか成功に導けない。これは選手のときから感じていたことで、つり輪は教えるのが難しい種目として、いまもって私の課題となっています。

## なぜ、伝えるのが難しいのか

なぜ、伝えることが難しいのか。いろいろと考えていくと、私が現役時代、演技をしている最中に「自動化」されてしまったパートがあり、その部分に関しては言葉への落とし込みが足りないのかな、と思っています。先ほど書いた伸腕の逆上がりからの十字懸垂までの流れは、自分自身は短い時間ですんなり習得できた技でした。

この「短い」というのがポイントで、一定の期間でも試行錯誤していれば、いろいろな気づきがあり、言語化ができていたのではないかと思うのです。ところが、すんなり習得してしまっていると、感覚を深掘りしていない分、自分には見えていないことがあるのかなと思います。

それに加え、繊細な感覚がつり輪の場合に伝わりづらいのは、選手個々人の腕の長さや筋量といった要素も影響しているかもしれない、と考えるようになりました。

世界の現状を見渡してみると、つり輪だけ単独で強い選手がたくさんいます。そうなると、つり輪に必要な特別な資質というものがある気がします。腕力とバランスを併せ持つこと。これは独特の資質といえるでしょう。

もうひとつ、年齢を重ねても強い選手が多いのもつり輪の特徴です。その意味では、練習をすればするほど見えてくるものがある奥深い種目でもあります。

そうしたことを踏まえて考えていくと、つり輪の強化には誰にでも当てはまる明快な数式があるのではなく、個人に合った式を立てることが必要なのかなと思います。演技内容を分析していくと、単なる「止める」という動作、静止をするにも、天性のバランス感覚で止めてしまう選手もいれば、自分の筋力に頼って止める選手もいます。静止ひとつとってみても、どちらのタイプかによって、伝える内容は変わってきます。

同じ体の構造をしていないと、言語が共通化できない難しさも感じつつ、それがつり輪の指導の面白さにもつながるのではないかと思案しているところです。

## 器具の発達が、技の進化を生んだ跳馬

正ローテーションの4種目目は、跳馬になります。

跳馬には特有のルールがあり、跳躍する前に自分が演技する技の番号を知らせておくというルールがあります。ただ、申告した技と異なる技をしたとしても、それで減点ということはありません。また、着地エリアには2本のラインが引いてあり、そのラインの間に着地しなければ減点になります。

跳馬はゆかと同じく、脚力がひとつの武器になりますが、脚力にプラスして、上半身、そして肩の強さも必要になってきます。単に跳躍力があれば難易度の高い技ができるというわけではなく、手をついてから技に移行する過程で、上半身の強さが求められるわけです。跳馬の演技を分解していくと、

1　助走
2　踏み切り
3　第一空中局面
4　着手
5　第二空中局面
6　着地

になります。国際体操連盟が2001年にルール改正を行い、跳馬の形状が大きく変更されてから、演技が大きく変化していった種目です。

私はちょうど器具の移行期に現役生活をおくっていましたが、男女ともに同じ形状となって、高さが男子は135センチ、女子は125センチに定められました。国際大会では2002年に新しい形状のテーブル型の跳馬が導入されていましたが、当時、国内では相変わらず細長い跳馬が使用されていて、これには苦労させられました。国内ではまだ新型の跳馬が全国的に普及しておらず、練習できない選手が多いことを鑑みて、大会でも以前のままの跳馬を使っていたのです。

これもルールに対する考え方からで、スポーツでチャンピオンシップを争うには、「公平性」が必要になります。きちんと器具が行き渡ってからでないと公平性が担保されないということで、変則的な運用になりました。この時期は適応が大変で、国内の予選では旧型の器具、そのあとに代表になってから新型の跳馬で練習して国際大会に出場。帰国してからは、また戻す……というのはなかなか厳しいものがありました。

なぜ、適応するのが大変だったかというと、昔の跳馬の形は細長く、「着手」と呼ばれる手の着き方が非常に重視された種目でした。

ところが、いまは安全面を考慮に入れてテーブルのような形に進化してきたので、助走から着手に至るまでのプロセスに関して自由度が広がりました。さらに、踏み切り板も改良が進み、跳ねる力を得やすくなっていきます。

体操の技の進化は、器具の改良と切っても切れない関係にあり、選手たちは器具の特性をつかみ、適応することが求められるのです。

こうした改良によって、助走から踏み切り、着手までがダイナミックになりました。私は実戦では使わなかったものの、助走からロンダートをし、踏み切りに入る「ユルチェンコ」という技などにもチャレンジしました。結果的に、私はそれほど難しい技を身につけることができなかったことと、点数に換算してもそれほど大きな差が出なかったことで、それまで通りの助走に戻しました。

それでも、そのときの経験が学生の指導をするにあたっては、感覚を伝えるのに役立っています。その意味では、新しいことにトライすることにムダなことはないな、と実感しています。

## 跳馬の助走は、理にかなった走り方？

跳馬に関しては、見ている方には助走のフォームが気になるようです。陸上の選手たちとは違って、腕を大きく振るわけでもなく、腕を腰のあたりを中心にして小刻みに振り、ピッチも細かくして助走を行います。一般的に見たら、たしかに普通の走り方ではありません。

なぜ、このようなフォームになるかというと、体操選手の場合、速く走ることを目的にはしておらず、跳馬に効率よく手をつくための動きをしているので、自ずと小刻みなフォームになるのです。自分自身、全力疾走する機会はほとんどありませんが、一生懸命、全力で走っても、あのフォームになるでしょう。一種のリズムのようなものです。

順天堂大学には、助走の研究をしている先生もいました。順大の場合は陸上競技部が強いこともあり、陸上選手と体操選手の走力、走法の違いを比較してみると、面白いことがわかりました。トップスピードは陸上選手が当然のことながら速く、体操選手は遅い。ただし、トップスピードに到達するまでの時間は、体操選手のほうが断然速いという結果が出ました。研究した先生の話では「25メートルで勝負したら体操選手が勝つかもしれない」というほど、最高速に到達するスピードは速かったようです。これは目的とする距離の違いによって生まれるものでしょう。

ただし、跳馬の演技においては、全速力の必要はないと感じます。

力学的にいえば、最大スピードを出して踏み切りをしたほうが、それだけ力は得られます。ただし、それにはマイナス面もあります。助走路を全力で走り抜けてしまうと、そこがメインの力の入れどころになってしまい、もっとも大切な踏み切りと着手の動きが、サブの動きになってしまうのです。あくまで感覚的なものですが、体を制御しやすいように8割から9割ほどで助走を行い、踏み切りから着手までの主要な部分で「10」の力を使えるようにする、というのが跳馬の大切なところです。

「助走の力の入れ具合は8割から9割」という原理は、小中学校の体育で指導されるとび箱の助走にも応用可能です。

ここでも助走を全力で行う必要はありません。学校体育で強調すべきは代表クラスの選手と同じで、踏み切りから着手までの動きだからです。このパートを強調し、うまく子どもたちに伝えられれば、誰もがとび箱が上手にとべるようになるはずです。

ただ、小学校の器械運動のレベルだと、どうしても「しっかり走って」というところからスタートしがちです。その部分を強調する必要はあまりなく、極端な話をすれば、バネの働きをする踏み切り板が使えるのであれば、助走をなくし、一歩で踏み切って開脚とびをするほうが練習としては効果的です。

開脚とびでは一歩、そこから前転とびという難しい技になっていったときに、助走を増やしていくほうが体操の動きの練習としては理にかなっています。

結局は、その種目のポイントを把握することで、練習の強調点がわかってきます。それは学校体育も、世界を目指して戦う場合も変わりはないのです。

## 平行棒のポイントは「倒立」にあり

正ローテーションも終盤に入ってきます。5種目目は平行棒です。

歴史的にも、日本は平行棒を得意とする選手を生んできました。東京オリンピックでは遠藤幸雄さん、メキシコシティー大会では中山彰規《あきのり》さんがそれぞれ優勝、ミュンヘン、モントリオール大会では加藤澤男さんが連覇を達成しています。私もアテネ大会では銀メダルを獲得しました。

平行棒の特徴は、二本の腕によって「支持」を行うことです。腕による支持、手で握る支持などがあります。

また、体を一定時間静止させる静止技などがあり、棒から離れて着地する終末技がダイナミックな見せ場です。

平行棒の特徴としては、静止する姿勢が多いことでしょう。中でも倒立は重要で、「選手なら平行棒の上で倒立するのは簡単だろう」と思われるかもしれませんが、棒上で倒立している瞬間が（ここではもちろん、美しい姿勢を保つことが求められます）、次の技への大切な準備の時間なのです。

これは「脚前挙《きゃくぜんきょ》」など、腕による支持によって静止しているときも同じです。呼吸を整えながら、次の「動」への動きを準備しており、平行棒のポイントはここにあるわけです。

ただし、私も高校時代までは、静止の時間が重要だとは気づくことができませんでした。むしろ、静から動に入り、平行棒から手を離すところのポイントを意識することが多かったのです。大学に入ってから、「あ、技が決まるかどうかは、手を離すタイミングではなく、その前の段階にあるんだな」ということに気づきました。一見、地味に見える静止の瞬間にこそ、平行棒の成功の鍵が潜んでいるのです。

## 体操の華、鉄棒

さあ、最後の種目は鉄棒です。オリンピックでも、数々の印象的な場面が誕生してきた体操の華ともいうべき種目です。

鉄棒については、見た目にも華やかな離れ技に注目が集まります。ここ数十年の技の進化には驚くべきものがあり、私が現役の頃の技が古く見えるようになってしまいました。

鉄棒の技には、学校体育でも習う「逆上がり」からスタートし、「け上がり」、「車輪」などの基本技があり、いまではI難度まで技が進化しました。

塚原光男さんが開発した「月面宙返り」（後方2回宙返り1回ひねり）や、1984

年のロサンゼルスオリンピックで森末慎二さんが決めた大技「トカチェフ」はC難度の技です。当時は「ウルトラC」という言葉があったように、最高難度の技でした。

私が2004年のアテネオリンピックで見せた「コールマン」(コバチ1回ひねり)は現在E難度。さらにこの技を進化させたのが「カッシーナ」(伸身コバチ1回ひねり)で、こちらはG難度の離れ技です。そのカッシーナからさらにひねりを加えたのが「ミヤチ」(伸身コバチ2回ひねり)で最高難度のI難度となります。

みなさんは、こうした離れ技の成否は、鉄棒から手が離れ、空中姿勢をどう操るかにあると想像されていることと思います。空中が技の鍵である、と。

ところが、違うのです。実は、鉄棒の最大のポイントは「ぶらさがっている」姿勢にあります。鉄棒の演技中はずっと力を入れているように見えるかもしれませんが、唯一、鉄棒の下にきたときだけは脱力するという動きになるのです。ここが鉄棒という種目の中で、もっとも自分の体をコントロールしなければならない瞬間なのです。

ぶらさがった瞬間、しっかりと体を制御し、手を離す瞬間に向けて準備をします。すべての動きをぶらさがったときに合わせていかないと、それこそどこに飛んでいくか自分でも把握できないようになりますし、結果的に、離れ技のあとにバーをキャッチできないということになってしまいます。

選手が鉄棒にぶらさがっているわずかな時間、すべての離れ技はこの見逃しがちな瞬間にこそ、成功へのポイントがあるのです。

## 体操の魅力、個人総合の魅力

このように、６種目をトータルで見てくると、人間が持つ様々な能力が体操では必要とされていることがわかると思います。

特に、日本では長い間、個人総合が重視されてきた歴史もあり、オールラウンダーを育成する文化が平成を経て、令和の時代にも続いています。

一方、世界を見渡せばスペシャリストも存在し、６種目すべてにわたってトップレベルを維持するのは困難になりつつあります。各種目での難易度は上がっており、特にいまの時代はオールラウンダーとして戦うことはますます難しくなっているといえるでしょう。

私が現役だった2000年代は、どの種目をとってもだいたい平均以上の選手がオールラウンダーの上位に来るのが世界の趨勢《すうせい》でした。練習でも満遍なく6種目をこなすタイプの選手たちです。

ところが、ここ数年は個人総合を競うにも、「この種目は苦手、この種目は得意」という得手不得手がハッキリとした選手が増えてきています。特に、つり輪が得意なオールラウンダーは、非常に少なくなりました。

世界選手権を見ていても、6種目の中でつり輪に加え、あん馬もオールラウンダーにとって共存しない領域に突入しつつあるように思います。この2つの種目がどんどんレベルアップしていることもあり、オールラウンダーがこの2種目の種目別でメダル争いをするのは難しくなっています。

こうした流れを見ていると、陸上競技と同じような進化の形をたどっていくのかな、と思わざるを得ません。陸上競技だと男子では十種競技、女子では七種競技というオールラウンダーが争う競技がありますが、いまは細分化が進んでいます。現在でも短距離と走り幅跳びは共存することは可能ですが、投てき種目の選手と短距離、長距離の選手たちの体型はまったく違います。

おそらく、陸上は100年近くかけて自分の体型に合わせた種目に移行していくことによって特化し、その結果、個別の種目がどんどん進化を遂げ、記録も伸びてきたのでしょう。

今後、体操も体型や持って生まれた特質に合わせた種目選びが行われるようになり、陸上競技と同じような道筋をたどることは十分に考えられます。オールラウンダーとして体操に取り組んできた私としては、さびしいように感じますが、それでも、国際体操連盟はオールラウンダーの重要性をルール変更によって表現しています。

2016年のリオデジャネイロオリンピックまでは、団体総合では5人の選手がエントリーをしていましたが、東京オリンピックからは一ヵ国4人の選手がエントリーし、団体予選は4人が演技して各種目上位3人の得点、決勝は3人が演技して得点を合計する形に変わりました。

また、団体とは別の出場枠が設けられ、一ヵ国最大で2人まで別枠で出場が可能です。つまり、団体戦に出場する4人に加えて、種目別のスペシャリストが2人、ナショナルチームに入ることが可能になります。オリンピックでは競技別のトータルの参加人数が定められていますから、団体戦の人数を減らすことによって、種目別の参加人数の枠を広げ、より多くの国・地域の参加を促す狙いがあります。

団体戦に参加できる人数が5人から4人に減らされたことによって、各国はひとりの選手が演技する種目を増やさざるを得なくなったわけです。国際体操連盟としてはオールラウンダーの強化を促すメッセージを発信し、一方で、種目別のスペシャリストにも注目が集まるようにすることで体操を発展させていこうという「両面作戦」を採っているように見えます。

## 団体の人数の変遷

体操の歴史を振り返ってみると、団体戦の構成人数、種目ごとの演技人数、採点方法によって、強化の流れなども変わってきました。

日本の男子は1960年のローマオリンピックから、東京、メキシコシティー、ミュンヘン、1976年のモントリオールオリンピックまで、オリンピックの団体総合で4連覇を達成しましたが、このときの団体戦の構成は、「6―6―5」と呼ばれるもので、チーム構成が６人、各種目の演技者も６人、そして各種目のチーム得点は演技した６人のうち、上位５人の得点の合計が採用される仕組みになっていました。昔からの体操のファンの方には、この方式が馴染み深いと思います。

そして私が中学、高校時代を過ごした１９９０年代からはたびたびルールが変わるようになり、１９９７年には「６―５―４」となります。そして私が参加したアテネオリンピックの２００４年のときには「６―３―３」となっており、私はゆかをのぞく５種目に出場しましたが、この方式が採用されてから数年経過したあたりが、種目別に特化した選手が出てきた時期でした。

このフォーマットがしばらく続きましたが、２０１２年のロンドンオリンピックからは「５―３―３」の競技方法が採用されるようになりました。団体戦のメンバーを１人少なくしたことで、国際体操連盟としてはスペシャリストばかりではなく、オールラウンダーの重要性を発信したのかと思います。それが東京大会からは「４―３―３」になるわけです。

## 日本にも変化の兆しが

日本は伝統的にオールラウンダーを大切にしてきた国ですが、ここ数年は少し様子が変わってきました。日本の中でも少数ではありますが、種目別に特化する選手が出てきたのです。そうなると、トレーニングの方法にも変化が出てきます。

あん馬に特化すれば、あん馬でしか使わないようなトレーニングがあり、脚力が重要なゆか、跳馬であれば、脚力重視のトレーニングがメインになっていきます。こうした種目に特化していくと、つり輪で使う筋肉が邪魔になってきたりするので、つり輪のトレーニングはまったくやらなくなったりとか、そうした練習方針を認める方向が出てきました。単純な良し悪しではなく、こうした流れは自然の変化なのだろうと思います。

自分がオールラウンダーだったこともあり、基本的には6種目をカバーできる選手を育てていきたいという思いはありますが、最終的には選手たちが選択するものです。

スペシャリストを否定的に捉える必要はどこにもなく、順天堂大学でも鉄棒に特化した選手もいますし、一緒に練習しているセントラルスポーツの選手にも、あん馬に特化した選手がいました。私が理想としているのは、オールラウンダーとスペシャリストがお互い、刺激し合うことです。

そうした環境で練習を積んでいき、スペシャリストを志向している選手たちは、特化しているからこそ感じ取れることをオールラウンダーにアドバイスしていけば、チームとしては、いい流れになると考えています。

体操は個人競技なので、どうしても「ひとりで黙々と練習する」イメージが強いかもしれません。見学や取材に来るメディアの方たちの中には、休んでいる時間が長いと思う方もいるようです。それは、体操の練習は全力でしかできず、そのあとに回復する時間を取らなければいけないため、十分な休み時間が必要となるからです。

ただし、リカバリーの時間を取るということは、それだけ考え、感じる時間がたくさんあるということでもあります。だからこそ、ひとりではなく、「どんな仲間と体操をするか」が大切になるのです。回復を図っている時間に、他のメンバーの意見、指摘を謙虚に受け入れる姿勢も求められるのです。

# 第6章

# 教えることについて考える

## 種目ごとの好き嫌いをどう考えるか

前の章では各種目の特徴、そして団体の人数変更などのルールの変遷について考えてきましたが、この第6章では選手への指導について考えていきたいと思います。

昨今は「コーチング」という言葉が日本でも浸透してきました。この言葉を聞くと、日本では技術的な指導のことを思い浮かべる人が多いようですが、やはり「教えること」は競技に対する思考法や心理的要素、そして選手の性格を含めた総合的なものだということを、順天堂大学で学生を教えるようになってから痛感しています。

たとえば、体操も6種目すべてが得意で、しかも6種目すべてを好きな人はまずいないわけです。いまの学生を見ていても、「得手不得手」や「好き嫌い」はどうしても出てきます。

私の場合、練習時間は6種目ほぼイーブンでした。オールラウンダーを志していたこともありますが、どちらかといえば「苦手なものをなくしたい」という思考が強かったためです。より率直に書くならば、得意な種目についてはそれほど時間をかけなくてもできてしまうので、苦手なところに時間を割くというのが私の発想だったわけです。こうした考え方は、勉強の向き合い方と似ているかもしれません。

これまでいろいろなチームメイトの練習方法を見てきましたが、練習スタイルにも性格、個性が表れます。

学生の中にも、苦手な種目にきちんと時間をかけて向き合える人間と、放っておきがちな人間がいます。日本の従来の教育的な価値観では、「苦手なことにはきちんと向き合う」ことが尊ばれるのかもしれませんが、体操の練習過程においては、それが必ずしも正しいわけではないと考えるようになりました。

なぜなら、苦手な種目には目をつぶるという方策もなくはないからです。強烈な苦手意識のある種目に時間をかけるよりも、得意種目を伸ばしていくほうが体操競技そのものに前向きに取り組める選手がいます。

その意味では、満遍なく6種目に挑戦させていくことにこだわるよりも、選手の性格、タイプを見極めながら「どの指導法が選手に向いているか？」ということを考えていくほうが成長も早いのではないかと思います。

その見極めには、性格だけでなく、動き、そして体形も含まれます。骨格が細い選手に、つり輪を頑張らせるのは、正直なところ難しいです。苦手克服のためにつり輪に時間を割くよりも、あん馬や鉄棒、平行棒での技術を磨いていき、それによってつり輪の点数を補えるだけのものを作っていくほうが前向きになれる。もちろん、個人総合を目指すならばつり輪の練習をゼロにするというわけにはいきませんが、こうした戦略を立てるほうが合理的ともいえるわけです。その結果でしょうか、最近はつり輪が得意なオールラウンダーが少なくなっているのは前の章で書いた通りです。

## 初心者に体操をどう教えるか

私が教えているのは体操競技部に所属している学生ばかりではありません。順天堂大学では、2021年度でいえば一週間に器械運動の授業が6コマあり、講義も1コマ担当しています。この授業はスポーツ健康科学部で学んでいる一般の学生向けなので、いろいろな学生を教えることになりました。

大学でも少し前までは、「自分は器械運動が苦手だな」と思う学生は別の授業を受けて卒業できる仕組みになっていました。しかし、いまでは学習の形態が変わり、もし中学、高校の体育の教員になりたいという希望を持っているのであれば、器械運動のみならず様々な実技科目は必修ということになりました。そうした条件がついたことで、器械運動について苦手意識を持つ学生も私の授業を取るようになったわけです。

大学に入るまで器械運動に馴染みのなかった学生たちを教えたことで、私なりの発見がありました。それは、私が体操に取り組んできた中で普通に使っていた「言葉」が通用しないことでした。

たとえば、もっと膝を伸ばしたほうがきれいに見えるとします。体操を専門に取り組んできた私とすれば、もっとも単純な動きのひとつです。当然、私は「もっと膝を伸ばしたほうがいいよ」とアドバイスするわけです。ところが、学生からの質問を聞いて、驚いてしまいました。

「どうやったら、膝が伸びるんですか？」

かなりの衝撃を受けました。

自分は小学生から体操に親しんできましたが、こういう質問をしたことはなかったし、受けたこともありませんでした。それでも、よくよく考えてみると、根源的な質問を受けたような気がして、自分としては新鮮な驚きがあったのです。「これは、体操の言葉を考え直すチャンスになるな」と感じたほどです。

学生たちは将来、体育の先生になって全国に散らばっていきます。順天堂大学で私が使った言葉が全国に広がっていく可能性もあるわけです。一般の学生たちが苦手意識を持っていたとしても、履修する過程で課題をクリアする面白さや、体の仕組み、機能を学んでくれたらいいなと考えるようになりました。

そして言葉が耕されれば、小学生、中高生にも体操の面白さが伝わると思ったのです。

## 体操に触れる機会をどう増やすか

私にとっては新鮮な経験になりましたが、学生から意外な質問が出てくるのは、学校体育で体操に触れる機会が少なくなっていることが影響しているからでしょう。おそらく将来的には、器械運動により苦手意識を持つ学生が多くなるかもしれない――そうした危機感を持っています。

それは大学の年度始めに、履修する学生とガイダンスで顔合わせしたときに、これまでの体操歴について質問すると、小学生のうちはとび箱、鉄棒、マット運動をやってきた経験を持つ学生が多いのですが、中学生になるとその数がグンと減ってきます。それが高校になると、とび箱、鉄棒はなかったという学生のほうが多いのが現実です。つまり、学年が上がっていくにつれ、体操に触れる機会が減っていくのです。

これは学生が器械運動を避けているわけではなく、これはあくまで私の個人的な印象ですが、体育の先生たちにとって、器械運動を教えることに少し抵抗があるのかな、と感じています。

それはなぜでしょうか？

おそらく、教えるのが難しいからでしょう。

サッカー、バレーボールやバスケットボールのような球技であれば、基礎的なスキルを教えたあとに、生徒みんなで試合に入っていきますが、ゲーム性があるので、生徒自身も楽しんで授業に参加してくれます。パスがつながった、あるいはゴールに入ったなどは目に見える成果です。

それに対して器械運動は、最初はできないことが当たり前で、そこから動きを理解し、試行錯誤しながら「できる」につなげていくものです。ただし、球技に比べれば遊戯性が低いうえに、コツ、ポイントがうまく伝わらないと、時間をかけているのにずっとできないことになりかねません。すると、生徒のほうも積極的には取り組めなくなってしまう。生徒のモチベーションが下がれば、先生方からすると授業展開も難しく、教科としては不人気になりがちなのかなと思います。

私は、指導、コーチングの視点を少しずらせば授業展開は大きく変わると思っています。

苦手な生徒の目線で見ると、器械運動は「みんなができているのに、自分だけができないのは、向いていないからかな……」という発想につながりがちです。

少し発想の起点をずらして、授業の中では、「できた！」というところにフォーカスするのではなく、「できないところのポイント」に焦点を当てたほうが面白く授業を展開できるチャンスがあるはずです。

まず、先生方が生徒と一緒になって「なぜできないのか？」を解析していくことが大切です。体操の動きの場合、動きを分割し、考え、修正していくことでできることに近づけるからです。ここではタブレットなど、映像教材を使うことも有効かもしれません。

そうした材料をもとにして、「できること、できないこと」にフォーカスするのではなく、なぜできないかを順序立てて考えてもらい、その仮説をもとに動きを実践してもらう。その過程で、補助をする器具があれば、それも導入します。体操という競技は、正しく考えていれば、必ず変化が起きるので、子どもたちにはその発見に喜びを感じてほしいのです。

そうすれば、「体操って、面白いな」と感じてくれる生徒が増えるはずですし、生徒の持つ可能性を広げることにもなると思うのです。

## 体操は可能性を広げる競技

体操の授業には可能性があります。まず、きちんとした体の動き方を教えれば、生徒たちは技を習得できるようになるのです。たとえば、一般的に「バク転」と呼ばれる「後方転回」は、それほど難しい技ではありません。私が簡単に書いてしまうと、「えっ?」と思われるかもしれませんが、安全な環境を用意し、しっかりと順序立てて説明していけばできるようになります。そうすれば、きっと生徒たちも喜び、体育の授業で達成感、充実感が生まれるはずです。

もちろん、全員が体操の選手になるわけではありませんが、体操によって身につけた基本動作が他の競技に生きる場合もあります。たとえば、陸上競技の棒高跳びで「鳥人」と呼ばれたセルゲイ・ブブカ（ウクライナ）は、体操出身ですし、女子でも２００４年のアテネ、２００８年の北京オリンピックの棒高跳びで金メダルを獲得したエレーナ・イシンバエワ（ロシア）は5歳から15歳まで器械運動に取り組んでいましたが、背が伸びすぎたため、コーチに勧められて棒高跳びに転向し、金メダリストになりました。

なぜ、棒高跳びと体操に関係があるのか。それは空中姿勢、空中動作に共通点があり、体操で培った感覚、動きが棒高跳びに応用できるからです。

体操というのは、基本的に空中でどう体を動かすかとか、どうやったら効率的に回転できるかといったことに特化した競技です。そうした基本動作を幼少期に身につけると、そこから派生していろいろなスポーツにつながっていくのは間違いありません。だからこそ、気軽に、体操やトランポリンに取り組んでくれたらうれしいのです。

空中での感覚もそうですが、他にも、シンプルに腕で体を支える動きというのは、日常生活では稀なことで、幼少期にこうした動きを獲得したり、体験したりするのは有意義なことなのです。

## 親が子どもにできること

体操競技の育成でひとつ難しいのは、家庭で復習ができないということです。野球であれば、公園で親御さんとキャッチボールをしたり、サッカーもボールさえあれば、パスの交換ができます。

ところが、体操は器具が必要なので、教室や授業で取り組んだことが家では繰り返せないのが難しいところです。

それに加えて、体操の場合は親御さんに体操の知識や語彙がないことが多く、子どもたちに適切なアドバイスをするハードルが高くなってしまいます。

当然のことながら、体操の指導者は子どもたちに理解してもらうために、いろいろな言葉の工夫をしています。低学年になればなるほど伝えるのが難しいですから、教えるスキルや語彙が増えていきます。可能であれば、親御さんにも体操に対して理解を深めてもらいたいのです。家庭でお子さんが「あの技はどうやればいいかな?」と質問してきたときに、親御さんなりの回答ができれば指導が効果的になっていくように思います。また、「先生には聞けないけれど、お父さんか、お母さんになら質問できる」こともあるでしょう。そのときに、「先生に聞いてみたら」というだけではなく、親御さんなりのヒントを与えられれば、子どもたちの成長のチャンスは膨らみます。語彙が増えることは、そのまま成長につながりますから。

## 言葉の大切さ

言葉を磨くことは、とても重要です。たとえば、「背中を丸める」という動作をするときに、「背中を丸めてみよう」と言えば、理解してすぐにできる人は多いでしょう。ところが、中には「目で胸を見てみよう」と伝えたほうがいい姿勢になる子どももいます。

言葉としてはどちらも正解で、同じ動作なのに、表現の仕方が変わってくるだけなのです。もし、子どもがなかなか習得できないことがあったとしたら、それを違った観点でアドバイスすることは、子どもにとってプラスになることがあります。また、指導者が気づかなくても、親御さんの視点が成長を助ける場合も多々あるはずです。

言葉の大切さは、年齢を重ねるにつれて重要性を増していきます。大学生を指導する立場としては、「高校生までに、動きと言葉の説明が一致するようになっていてほしい」という思いがあります。

言葉はその人のセンス、と思ってしまう人が多いかもしれませんが、成長に必要な言葉は、段階を踏んでいけば磨くことができます。

まずは、簡単な動きを、的確に言葉で表現できるようにします。ここがスタート。そしてその作業を積み重ねていくうちに、技を感知する感覚が磨かれていくようになります。感覚と連動して言葉の理解が深まっていけば、コーチからアドバイスを受けたときに、「ああ、あの動きを応用すればいいんだな」と言葉の引き出しから適切なものを引っ張り出して、即座に動作につなげることも可能になります。

言葉を獲得するのは、一朝一夕ではできません。幼少期からできていることを普通のことだとは思わず、言語化していくと、後々になって大きな差がつきます。簡単なことでも流れ作業にならず、言葉として定着させることが武器になるのです。

## 言語化を怠ってしまうと、どうなるか

もちろん、言語化を意識せずとも、どんどん成長していく選手もいます。ある段階まではそれでもいいと思うのですが、体操をずっとやっていると、昨日まで普通にできていた技が、急にできなくなることがあります。これは珍しいことではなく、しょっちゅう遭遇する事態です。そのとき、適切に対処することがポイントになるのですが、言語化してきた選手の場合だと、段階を追ってチェックしていくことが可能になります。あ、この段階のことができていなかったんだな、と論理的に修正が利くのです。

ところが、言語化せずにある程度の段階まで一気に駆け上がってきた選手の場合だと、突然、技ができなくなったときの対処方法がわからずに停滞し、そこで差がついてしまう場合があります。

つまり、階段を一歩一歩、確認しながら完成に至った人と、ざっくりと言えばエスカレーターなり、エレベーターで上がった人では、習得のプロセスが違い、修正しなければいけない時点での引き出しが違うのです。

確実に階段で上がってきた人は、階段を一歩ずつ降りながら確認が可能になります。ところが、エスカレーターやエレベーターでは、技ができなくなったときに、一気に乗ったところまで下がらなければいけなくなり、修正までに「階段派」の倍以上時間がかかることも珍しくありません。

この違いは「再現性」という言葉に行きつくと思います。なにも、これは技ができなくなったときだけの話ではなく、トップ選手になると、遠征に行った場合、器具がいつも使っているものとは違って、どうも勝手が違うなあと感じるときがあります。そんなときでも、ひとつずつチェックポイントがしっかりしていれば、適応するのにさほど時間がかからなくてすみます。

つまり、一段ずつ言語化していった人ほど、応用力が身についているのです。

## トップレベルの選手の指導に必要なこと

大学生の指導も、大きく変化しています。私が大学生の時代までは、先生方がひとつの指針を示して、部員のみんながそれに従って練習を進めていくという、大枠では「団体」での活動が多かったように思います。

しかし、いまは変わりました。現在の順天堂大学の体操競技部には、高校時代に実績を残した選手が多く集まるようになったこともあり、様々なタイプの選手が進学してくるようになりました。高校時代に、ある程度自分のスタイルを身につけつつある選手たちです。高校の指導法や個人の性格もバラエティに富んでいるので、以前のように全体で行動するのではなく、コーチとしては個人、個人に対してアプローチをしていく必要が出てきました。

学生の性格、伝達するのに効果的な言い回し、言葉をかけるタイミングなど、様々な要素が絡み合ってくるため、指導にあたっては「引き出し」をたくさん持たなければいけないと現場では感じています。

引き出しにおいても、大切なのは言葉なのです。

ひとりひとりに響く言葉、伝達方法を考える。集団指導から、プライベート（実際にはセミ・プライベート）の方向に指導の流れは移ってきているように思います。

私が気をつけているのは、学生に対して「こうしたほうがいい」というのは簡単ですが、それだと大学生の考える力を奪ってしまうことにつながりかねないということです。大学生は発展途上であり、選手として独り立ちしているとは言い切れません。この段階では考える力を身につけてほしいので、早い段階で私の発想を学生に言ってしまうのではなく、まずは選手の考え方を尊重し、聞くことを大切にしたいと思っています。

コーチ、選手ともに相手の言葉に耳を傾け、意見を取り入れる。そしてその選手にとって最善の道をふたりで探していく作業がコーチングなのかな、と思っています。

## 試合で力を発揮できないときは？

指導をしていくと、毎日、選手たちが抱えている課題に直面します。コーチングの最終目的は、「選手たちが成長し、試合で力を発揮できるようにする」ことですが、中には、練習はしっかりできているのに、なぜか試合で結果を出せない選手がいます。得点云々の話ではなく、練習でうまくできていた技のつなぎがぎこちなくなったり、普段の力が出せなくなったりする選手が存在します。

こうした場合にコーチに求められるのは、原因の正しい分析です。

これまでの経験から導かれるのは、試合で力を発揮できない選手の多くは、当日になると「動揺」してしまうことが多いということです。

コーチは、技の開発を手伝うだけではなく、のびのびと演技、表現できるように手助けするのも仕事です。試合で失敗が続いたときに、「どうして、練習でやってたことができないんだ？」と声を掛けるのは、百害あって一利もありません。試合に向けてなにが動揺を引き起こしているのか、試合当日だけでなく、数日前にさかのぼって一緒になって原因を探していく必要があります。

私が心配しているのは、毎回、試合での動揺が激しく、「試合に出るのが嫌い」という選手がいることです。

自分は試合が楽しみだったので、最初は「どうしてそうなるんだろう？」と不思議だったのですが、いろいろな選手の経験を聞いていくと、ジュニア時代に試合で失敗したあと、指導者から怒られた経験が影響しているケースが見られます。

いま、体操に限らず、あらゆる競技の指導現場で、コーチには「怒らないこと」が求められています。それだけではなく、「どうしてできないのか」と問い詰めることなども自制しなければいけません。指導法が大きな転換点を迎えている最中といえるでしょう。

10代は精神的にも未熟な時期です。多感な時期に自分を否定されてしまうと、失敗が怖くなってきます。「ミスをしたら怒られる」と思いこんでいると、試合でのびのびした演技ができなくなり、さらに失敗を重ねるという悪循環に陥ってしまいます。

## 怒ることで失われてしまうものもある

怒られるという不安は、いろいろなものを失うことにつながっていきます。試合、あるいは練習の段階から怒られることが日常になっていると、演技が終わってコーチと話すときにも自分を守ろうと身構えてしまいます。防衛本能が働き、自然と手堅い技を好むようになり、冒険心が薄れていきます。チャレンジする気持ちが失せてしまっては、成長するチャンスを自ら手放してしまうようなものです。また、演技のあとにコーチと話すとしても、自分の言葉で振り返り、表現するという欲が失われてしまいます。

指導者は感情を高ぶらせるのではなく、冷静に「問いかけ」をすることが求められているように私は思っています。

普段の練習から常に問いかけ、話し合う。

試合前日、試合当日、本番直前を迎えたからといって、特別なことはしない。私としては、選手とは普段通り接するのがいちばんいいと思っています。試合だからといって、特別な指示を出すわけではなく、いつも通りに会話をして、自分が置かれている状況を感じ取らせることが大切でしょう。「こうしろ」と強い言葉ではなく、選手自身がどんな状態にあるのかを確認し、冷静に演技に入っていけるように導く。選手が自分で自分を客観視できるような作業を促していけたらと思っているのです。

これまで体操の現場に何十年もいますが、状況を顧みるだけで、落ちつく選手がかなりいました。試合の流れに巻き込まれ、順位とかが気になりだすと、自分を見失ってしまう状況になりかねません。そんなとき、いったん冷静になることで、落ちついて演技に入れる可能性が高まります。

自身の体と内面が向き合う時間を選手に与える。これが試合前にコーチがやるべき仕事のポイントだと思います。

## 「違和感」を大切にしてほしい

普段の練習から問いかけや対話が重要なのは、選手が自分の感覚についての語彙を増やすことで、演技の可能性を広げられるからでもあります。

私が学生に大切にしてほしいと思っているのは、「違い」を感じ、それを大切にする姿勢です。

世の中には「違和感」という言葉があります。なにかフィットしない、落ちつかない感じを示すネガティブな言葉と言っていいでしょう。しかし、体操では試合や練習で感じる違いや、違和感が成長を促す鍵となる場合があります。

人間とは保守的な生き物ですから。安定を好み、変化に対しては躊躇《ちゅうちょ》しがちです。選手の場合、日ごろの練習での感覚がいちばん信頼できるものです。それでも、試合ではそれを超える感覚を得られるケースがあります。

ところが、その違いを嫌ってしまう選手がいるのです。

「あれ、練習と違うな」と練習の感覚に戻してしまいがちで、違和感を嫌うのです。

これは、もったいない。その違いを掘り下げていけば、新しい技を身につけることができるかもしれませんから。

私は選手との対話の中で、「なにかいつもと違ったんですよね」という言葉が選手から出てきたとしたら、そこに成長のヒントが隠されていると感じます。そして選手には、その感覚を大切にするように伝えます。

体操では身体的な柔軟性はもちろん重要ですが、発想や感覚の柔軟性も重視しなければいけません。

演技に関していえば、技の完成度を追求することはもちろん大切ですが、完成形のイメージが固まりすぎてしまうと、進化するチャンスを逃してしまうこともあり得ます。完成度の追求は間違いではありませんが、自分の可能性を信じ、違いを大切にしていけば、そこに成長のチャンスが眠っていると、柔軟に捉えてほしいわけです。

その意味で、「違和感」という言葉は、ポジティブな面を持っていると私は考えているのです。

## センスって、なんだろう？

反対に、あまりにひとつの言葉にとらわれてしまい、自分の可能性を潰しているのではないか、と思うこともあります。

センス、という言葉です。

この言葉は便利で、結果を残している選手のことを「もともとセンスのある選手だから」と評価することは構わないのですが、それで見えなくなってしまうものがあると思うのです。

最近の高校生の意見を聞くと、順天堂大学には高校時代から実績が抜群の選手が進むことが多く、「スーパースターの集まり」、「センスが集まる学校」というイメージがあるようです。そうしたイメージが広がっていくと、「自分はセンスがないから行きたくないな」とか、自己肯定感が低い選手はそう思ってしまうかもしれません。

私からすると、「センスってなんだろう?」と思ってしまいます。

センスという曖昧な言葉でいろいろなことを規定してしまうのはもったいないな、と感じます。

一般的に使われている意味は想像がつきます。小さい頃から比較的動きが得意で、あまり苦労せずに技を習得してきた選手のことを、「センスがいい」と呼ぶのでしょう。反対に、「センスがない」という言葉が指し示すものは、すぐに技が習得できず、時間をかけ、ある程度苦労しながら技を身につけていく選手のことをいうのでしょう。

しかし、時間をかけたこうした習得プロセスは悪いことばかりではないと思うのです。私自身、苦手とするゆかや跳馬の練習に取り組むときは苦労しました。ただ、「自分にはセンスがないからやめよう」と思うのではなく、「センスがないのなら、センスを作り上げればいい」と考えていたのです。

そして体操の世界で、それは可能なのです。

他の競技と比較しながら話を進めていきますが、たとえば陸上競技で100メートルを9秒台で走れと言われれば、ある程度の先天的な能力や、陸上的なセンスが大きなウエイトを占めるというのは想像がつきます。

一方で、体操競技というものは、そこまで潜在能力に支配されている競技ではないと思っているのです。

走るという動作は、子どもの頃から日常的に行われているものですが、体操の中の動き、たとえば空中動作をひとつとってみても、日常では行われない動きであり、だからこそどんどん作り上げることが可能なのです。

考え方によっては、誰にでもチャンスがあり、努力なり、発想なり、アイデアをふんだんに使いながら「動きを作る」ことが、最終的にはセンスにつながるのではないか、と私は考えています。

もちろん、体操の動きの中で、自分には向いていない動きというものはあります。ただし、知恵を絞れば、違う技を選択して演技を構成することも可能なのです。苦手なものがあれば、それを避けるのもひとつの知恵であり、体操に取り組むにあたって必要な発想です。個人総合のところでつり輪の苦手な選手のことを書きましたが、体操では逃げることもひとつの選択肢です。

そうしたことを踏まえて考えていくと、一概に「センスがないから体操は無理」と単純に捉えるのではなく、体操にはいろいろな道筋があり、だからこそいろいろな人のアイデアが生きるスポーツだと私は考えています。本来なら、小学校の体育でこうした考え方が伝えられるといいのですが。

## 橋本大輝選手の成長

コロナ禍によって、練習計画を見直さざるを得なかった2020年、順天堂大学に入学してきたのが橋本大輝選手でした。

橋本選手は2001年生まれ。千葉県の市立船橋高校の出身。高校3年生のときに世界選手権の日本代表にも選ばれたほどの選手です。この経歴だけを聞くと「センスの塊」のように思われるかもしれませんが、彼の演技を中学生時代に初めて見たときは、素質の片鱗は感じられたものの、技が単発で終わってしまい、演技として構成されていないような状態で、中学時代に全国大会での目立った実績はありませんでした。

しかし、幼少期からトランポリンに親しみ、空中感覚を身につけていたことが高校での飛躍につながります。あれよあれよという間に成長し、高校3年生で日本のトップレベルの結果を残すようになりました。

2020年、実績をもって順天堂大に入学してきたわけですが、残念ながらコロナ禍によって、指導者側としては練習時間をどう確保するかに追われ、橋本選手を直接指導することはなかなかできませんでした。しかし、本格的に練習が再開したとき、橋本選手は明確な課題をもって練習に取り組むようになっており、おそらく満足に練習できない期間に、演技の方向性を定め、イメージを大きく膨らませていたと思われます。

そして2020年の秋から2021年4月の全日本選手権、5月のNHK杯で優勝して東京オリンピックの代表に内定するまでのおよそ半年間、短期間で自分のイメージを実現させてしまいました。ポテンシャルがあるのはわかっていましたが、半年間でよくぞやってのけたと、私自身も驚かされました。

橋本選手はこれからも大きく成長していく可能性がありますが、近くで見ていて感じるのは「雰囲気を変えられる選手だな」ということです。重要なところで周りを勇気づける演技ができるだけでなく、応援に回ったときでも状況を見ながら仲間に声をかけ、明るく、集団を盛り上げていけるタイプです。

言葉に対しても敏感で、私のところに質問に来るときも疑問点が明快で、私の答えにもビビッドに反応してくれます。それは橋本選手が感覚の言語化を怠っていなかったからで、よく自分の演技のことを考えていますし、言葉にも独創性があり、私としても指導するのが面白い選手のひとりなのです。

ただし、ざっくりした抽象的な言葉にはまったく反応しません。たとえば「ここはひとつ、根性で」といった言葉は（私は絶対に使いませんが）、伝わらないだけでしょう。

橋本選手はこれから長く活躍できる選手になっていきます。明るく、感情を表に出すというスタイルは彼の魅力ですが、マイナス面も含んでいます。まだ若く、感情の波にのまれてしまうことがあり、自分のミスを引きずったり、まだまだナイーブな面もあります。今後はどんな演技を披露したとしても自己完結できる精神力を身につけていけば、波の少ない頼れるエースになっていくでしょう。おそらく、年齢を重ねるにつれ、落ちついてくるのではないかと予想しています。

私はアテネで金メダルを獲得し、世界選手権の個人総合で優勝してから迷ってしまった時期がありますが、もしも将来、橋本選手が同じような悩みに遭遇したら、自分の経験を参考に彼をサポートしていきたいと思っています。

## 女子の選手を育てること

日本の男子体操界は若手の台頭が著しくなっていますが、ここからは女子の体操界についても触れてみたいと思います。

世界ではジェンダーについての議論が盛んになっています。体操の場合、世界的に見ても男子と女子の育成は別々に行われることが多く、それぞれが課題を抱えています。まず、世界の傾向として、女子の体操は10代の選手が活躍することが可能でした。これは体操の競技的な特質が男子と女子では違うこともあり、求められる能力が違うからです。

女子は跳馬、段違い平行棒、平均台、ゆかの4種目で、男子のつり輪のようなパワーを必要とする種目がなく、高校生の段階からトップレベルで競うことが可能でした。

育成環境も男女ではやや異なります。日本の女子の場合、高校生の段階までは部活動ではなく、所属するクラブで練習を重ねていく例が多く見られます。代表選手を育成してきたクラブでは、長年にわたって伝えられてきた練習メニューがあり、これに則《のっと》って育成が進んでいきます。イメージとしては、教科書があってそれをこなしていき、先取りできる選手は、先にどんどん進んでいく感じでしょうか。

私が大学の指導の現場で感じているのは、男子に比べて、女子のほうが大学で適応しなければならないことが多いということです。高校まではしっかりとしたメニューが組まれていて、自動的にその練習に取り組んでいくというスタイルですが、大学になると、コーチから与えられるメニューはほとんどなく、自主的に練習を組んでいくスタイルに変化します。選手によっては、本当に練習環境が180度ガラッと変わってしまい、戸惑うことが多いようです。中には、大学の練習環境への適応に、2年くらいかかる選手も見受けられます。

ただし、この10年ほどで、代表選手の顔ぶれも大きく変わりました。いまでは大学生、社会人の選手たちが全日本選手権やＮＨＫ杯の上位を占めるようになっています。

２０１９年の世界選手権の女子の代表を見ると、

寺本明日香（ミキハウス／レジックスポーツ・23歳）
畠田瞳（セントラルスポーツ・19歳）
杉原愛子（武庫川女子大学・20歳）
梶田凪（中京大学・18歳）
松村朱里（ジム・ネット体操教室・19歳）

という顔ぶれになっていて、いずれも高校を卒業した年代が代表に選ばれました（年齢はいずれも当時のもの）。

また、このときはケガの影響で代表には選ばれなかったものの、２０１７年の世界選手権ではゆかで金メダル、２０１８年の世界選手権では個人総合で２位に入った村上茉《ま》愛《い》選手も１９９６年生まれで、大学入学後に世界と戦える選手へと成長しています。

私の印象では、大学生になって飛躍した選手たちは、大学入学以降に自分で演技内容や練習を考えていく能力が備わり、オリジナリティが発揮されるようになったと思います。自分と向き合い、持ち味、特性を考えながら体操と向き合っているのが垣間見られます。

大学の早い段階で環境に適応できた選手は、発想が自由となり、表現力、クリエイティビティを身につけるチャンスがあるといえます。

## 変化の中で生まれる創造性

一方で、女子選手特有の課題もあります。女子の場合、年齢的に男子に比べて早く才能が開花するため、中学、高校生の段階で全国レベルの選手になってきます。

すると、どうなるか。

中学生くらいまでの年齢だと、オリジナリティというよりも、どうしても指導者に言われたことを素直に聞き、与えられた課題、ノルマをこなしていくことが成績、結果の向上につながります。結果が伴えば、選手のほうが指導者のことを信頼するようになります。

ある程度の年齢までは、こうした関係性でいいのかもしれませんが、一定の段階を過ぎると、自分で表現していきたいことを発見しないと、その指導者のクリエイティビティから抜け出しづらくなります。

こうした選手と指導者の構造は、前にも書きましたが、フィギュアスケートの世界と似ている面があるのかなと思います。フィギュアの場合はトップ選手になればなるほど、いろいろなコーチと組んで、自分の新しい表現方法を模索していく。おそらく、コーチや振り付け師によって演出のスタイルが違うので、選手のほうもこれまでとは違った創造性を発揮したいと思えば、新しいパートナーを求めるのではないでしょうか。

選手にとって、新しい表現を生み出すことは本当に面白く、取り組みがいのあることですから。

日本の女子の体操界でも、以前と比べると大学生の選手の活躍が目立ってきたことで、創造性が重視されるようになってきました。

現在、筑波大学に在職している新竹《しんたけ》優子先生は、北京、ロンドンと2大会のオリンピック代表ですが、ユニークなキャリアを持っています。彼女はお兄さんと一緒に、3歳のときから大阪の体操クラブで体を動かすことを始め、高校、大学と大阪で練習を重ねて、オリンピック代表になりました。大阪の一クラブから育ったオリンピアンです。

羽衣国際大学を卒業後、筑波大学の大学院で学んだわけですが、彼女にとっては大阪から日本、そして世界と活躍の舞台が広がっていき、多くの情報に触れることで見聞を広げていったわけです。活躍の場が世界へと広がったことによって好奇心が刺激され、キャリアとして目指すべき方向が見えてきたはずです。環境の変化に合わせて自分も変わり、いまは運動学の研究に取り組んでいますが、様々な経験が後進の指導にも力を発揮してくれることでしょう。

これから体操競技で重要になってくるのは、新竹先生のように、いろいろな経験をした指導者の数的な確保です。様々な才能を持った選手たちに対応するためには、ひとりの指導者ではもう無理な時代が到来しており、コーチが多ければ多いほど、選手をじっくり観察できる機会は増えます。

現代は情報の時代です。インターネットの海には、世界の体操の情報があふれ、ライバルの練習風景を見ることも可能です。また、体操だけでなく、他の競技のトップアスリートの考え方や思考方法なども、指導に取り入れることができる時代になりました。たしかに情報は武器になります。ただし、選手は情報の洪水に溺れてしまうことにもなりかねないのです。そうならないためには、冷静に情報を取捨選択する「目」が必要になります。

そこで必要になるのがコーチの存在です。

情報が多い時代だからこそ、コーチは本当に必要なこと、有益なものを選手に示さなければなりません。

いまは、経験に裏打ちされた情報を絞る作業が、コーチには求められている時代といえそうです。

第7章

# 新時代の体操競技

## すべてはモノマネから始まる

ここまで、自分の体操の歩み、そして後進の指導について考えてきましたが、ここからは今後の体操界について見通していきたいと思います。

先にも少し触れましたが、現在の体操界の技の発展は驚嘆すべきものがあり、2000年代に私が取り組んでいた技が、現状では古く見えるようになっているほどです。

技の習得のベースにあるのは、「モノマネ」です。先輩たちが築いてきた演技を土台にして、現役の選手たちが真似ていく。

話が脱線するように思われるかもしれませんが、私の感覚としては、体操のモノマネと歌のモノマネは習得の道筋がとても似ているように感じます。

歌のモノマネだったら、まずは声を真似てみるところから入っていき、次に歌い方を似せていく。その段階でカラオケでは十分に勝負できるでしょう。さらにレベルアップするためには、ここから歌っているときの動作を入れていくはずです。そこからもっと突き詰めようとするならば、表情を研究したり、より細かなことに取り組んでいくでしょう。

基本は「この人はこういう声の出し方、動き方をしている」という観察から始まり、声、歌い方をコピーしていき、自分の体を使って真似ていく。

この道筋は、驚くほど体操と似ているのです。

「この人の技をやってみたいなあ」と思ったら、手、肘、肩、足の動かし方を観察しては真似ていき、自分の感覚とすり合わせていく。それが体操の技の開発のスタートです。上手な人のやり方を見るのが最高のテキストなのです（小中学校の授業展開では、このあたりにもヒントがあります）。

モノマネはネガティブなことにも使われる表現ですが、体操においてはポジティブな言葉です。モノマネからスタートし、ある技ができたとする。そこには満足感、達成感が得られるはずですが、私自身はそこで終わってしまうのはもったいないと思っていて、

「もっと同じようにできないかな」

「技はできたけれど、どこに違いがあるんだろう」

ということに興味が向いていき、映像を見ながら、練習のときに得た感覚とを比べた

りしていくのが好きでした。

現在の体操界は、映像文化の発達、器具の改良も手伝って、習得がしやすい環境になっているのもたしかですが、モノマネのレベルがとてつもなく上がっていて、今後もさらに発展していく可能性を秘めています。

## どうやって独創性を生み出すか

こうした状況を踏まえると、今後はオリジナリティ、独創性が評価される時代が来るのではないかと思います。

私の経験から言えるのは、モノマネからスタートして技ができるようになっても、そこは到達点ではないということです。逆に、そこがスタート地点なのです。先人たちと同じ技はできるようになった。しかし、「完成」はまた違う地点にあるのです。

私は、世界のトップクラスの選手と自分の演技を比較し、その違いを突き詰めていった先に、オリジナリティが生まれると考えていました。

ここに体操の面白さがあります。

技ができたところから、思索することによって、自分にしかできない技のイメージが見えてきます。

そしてどんどん突き詰めて考えていけば、新たな発見がさらに生まれてくる。それに気づいたのは、高校生のときだったでしょうか。「こういう技を見せたいなあ」と思ったと記憶しているので、高校時代に他の人を驚かせる「欲」が生まれてきたのだと思います。体操競技を通しての表現欲求です。

オリジナリティをどう表現するのか。高校時代は、大学に入学してからはどうやったら戦えるかということを考え、先取りしていたこともあって、それが高校レベルではオリジナリティにつながっていました。

もっと上のレベルになってからは、技と技のつなぎを滑らかにして「作品」に昇華させることを意識した結果、自分にしかできない体操を見せられたかなと思います。

体操競技とは、なにも難度の高い技を見せるだけがすべてではありません。私は難しい技こそ、簡単にやっているように見せたかったのです。そして、見ている人を驚かせたかったのです。

モノマネができるようになってからが勝負なのです。そこからどのように演出していくかが独創性の発揮のしどころであり、それが体操競技の醍醐味なのです。

## 映像文化が体操を変える

モノマネのレベルが格段に向上し、いまの体操はものすごいスピードで進化しています。私が現役を引退したのは2008年の北京オリンピックのあとでしたが、10年ちょっと経過しただけで、鉄棒では離れ技のオンパレードが主流になったりと、それにともなって指導者のアップデートも求められています。勉強し、世界のトレンドをキャッチアップしていかないと、指導者として取り残されてしまいます。

体操選手を取り巻く環境も大きく変化していて、特に感じるのは映像技術が体操の練習に大きく入り込んできたことです。

私たちの世代は、記憶を頼りにモノマネをしていました。どうしても自分の練習を映像で確認したいというときには、家庭用のビデオで撮影したうえで、細部まで確認するためには、大きなモニターにつなぐ必要がありました。こうした手間がかかるので、毎回の練習を撮影することはしませんでした。視覚よりも、自分の感覚が重視されていた時代です。

私より前の時代になると、写真になります。順天堂大学の体育館には技の分解写真が掲示してありましたが、きっと先輩方は写真を見ながら技のことを考えていたのでしょう。

それがいまはタブレット、スマートフォンを使い、練習場ですぐに映像で演技を確認できる時代になりました。練習したあとの自分の感覚を、映像によってすぐにすり合わせることができるのです。

映像の活用法は様々で、スマートフォンで練習風景を撮影し、それをＳＮＳで発信するメダリストもいます。ある意味では、世界でも最良のテキストがすぐに広がるわけです。メディアの発達は体操の世界を大きく変えているなあと実感しました。

## 映像文化の是非

いままでは、体操を始めたときから映像で自分の演技を確認する世代がシニアに上がってきました。選手の感覚、そして指導者のアドバイスによって技を作り上げていた時代と比べると、いまのほうが環境としては圧倒的に恵まれていると思ってしまいます。それでも、私としては必ずしもそうとは言い切れない面があると感じています。

もしも、私が高校や大学のときに、いまのような映像文化が浸透していたら、どうなっていたのか、と考えてしまいます。

私自身は、映像がなかったからこそ得られたものがあったと、やはり思うのです。

いちばん大切なものは、「感覚」です。

練習で新しい技に取り組んでみて、なぜできたのか、どうして失敗したのか、体の感覚と対話して「回答」を得るわけです。これは自分自身の大きな財産でした。洛南高時代は、それを練習日誌に書き留めていたわけです。

しかし、客観的な情報である映像を確認できる環境が備わっていたとすると、自分自身が感じたり、考えたりすることが少なくなるので、おそらく感覚が磨かれなかったのではないかと思うのです。

もちろん、なかなか自分の感覚では回答が見つけられなかったものが、映像で確認すればすぐにわかり、あまり苦しまなくてすんだかもしれません。それはそれで良かった可能性も捨てきれませんが、私は自分の感覚で試行錯誤したことが貴重だったと信じていますし、学生たちを指導するにあたっての「引き出し」につながっていると思います。

正直なところ、いまの学生はすぐに映像を確認するクセがついています。中学、高校のときからそうしてきたので、当然のことでしょう。ただ、指導者の立場からすれば、まずは自分の感覚を磨いてほしいと感じます。

まずは、自分で「計算式」を立ててほしいのです。証明問題に取り組むようなイメージですが、まずは、技をマスターするための条件を考える。条件を構成する要素は自分の感覚であり、感覚の加減乗除を使って仮説を立てていく。そして次の練習で試してみて、それが正解だったかどうかを検証していく。この流れが成長を促します。

映像文化のマイナス面は、この計算式を立てる作業を省いてしまえることです。すぐに答えがわかるのはプラスのように思えますが、条件や計算式を立てる能力が身につかなくなってしまいます。

受験勉強にたとえるなら、いまの学生は参考書の答えをすぐに見る習慣がついてしまっているようなものなので、途中の部分点が取れなくなっています。部分点は途中までの仮説、数式が合っていれば加点されるし、体操でも、技ができなかったときにその地点に戻れば、修正にさほど時間を必要としません。

結局は、自分の感覚で仮説を立て、まずはその方法論をもとに演技し、実証を試みる。そして、それから最終的に映像で確認して答え合わせをする。この順序が大切なのです。映像は便利です。いま、大切なのはそれを人間の能力を削ぐ使い方にするのではなく、より効果的な使い方を身につけることだと思うのです。

## 映像は必ずしも万能ではない

世界のスポーツ界では、多くの競技で映像判定が用いられるようになり、人間の審判よりも映像のほうが信用できるという流れが固まったと思います。

たとえば、ラグビーのトライやサッカーのゴールは映像で確認することが国際試合では当たり前になっていますし、日本のプロ野球でも「リクエスト」が導入されて、微妙なアウトセーフの判定は映像の力を借りるようになりました。

21世紀は、映像がスポーツを大きく変えていくことになるのでしょう。いままでよりも、これからのほうが変化は大きいはずです。

ただし、体操の技の開発、演技の構成を作るという意味では、映像は万能ではないと私は感じています。

たとえば練習で演技を終えて、自分の感覚としては技、あるいは動きが「あまり良くなかったな」と思うときは少なからずあります。そう思って映像で確認すると、あまり問題はない。あれ、おかしいなと思って何度見ても、問題は発見されない。そうだとすると、「あまり気にしなくていいのかな」ということになり、次の段階に進んでいきます。

私は、この映像と感覚のズレは、とても重要なことだと思っています。

「映像でも見えないし、わからないんだから、自分は気にしすぎていたんだ」と結論づけるのは、早計に過ぎます。

映像には映らない、自分の感覚でしか捉えられないようなちょっとした変化、些細な狂いが、後々になって大きくなっていったりすることがあり得るからです。

映像は物事を単純化します。

いまの動きは良かった。今度のはダメ。

そうした単純な感想しか生み出しません。

その一方で、自分の感覚は大きな可能性を持っています。たとえば、「いまの感覚を応用すれば、また新しい動きができるんじゃないか?」という発見が、私にはありました。ところが、私が感じた可能性は映像からは見えてこないのです。

いまの大学生を見ていると、まず、自分がどう感じたかというプロセスを省いてしまいます。練習が終わったら即座にタブレットで確認したほうが手っ取り早いので、自分自身の感想を持たないまま演技を見て、「できてた」とか、「いまのはあまり良くないですね」とか、自分の演技に対して客観的な感想を述べてしまう傾向が強いのです。

正直、指導者としては歯がゆい。

映像を確認する作業は非常に効率的ではありますが、私としては「もっともっと、自分の感覚と対話してほしいな」という気持ちが強いのです。

私も日々の練習の中で、学生たちが感覚を言語化する作業を手助けする意味で、質問を投げかけます。学生たちは、自分なりに言語化しているとは思いますが、果たして本当に突き詰められているのか、私自身も正確に判断できないでいます。

感覚とは、目に見えないものですし、言語化もしづらい。それでも、そこには映像が示すものより、自分をより大きく成長させる宝が眠っている可能性があります。

次世代の選手たちには、ぜひとも自分の感覚を磨いてほしい。映像に支配されるのではなく、感覚を補助するものとして映像を扱ってほしいのです。

画像、映像は万能ではありません。

春の桜、秋の紅葉、夜の月。きれいだなと思ってスマートフォンで撮影しても、肉眼で見たときの感激は再現されません。

人間の感覚のほうが、美しさを捉え、感じる能力が高いからでしょう。

## 言語化の重要性

とはいえ、映像に否定的なことばかりを言うつもりはありません。映像による指導に慣れている世代が大学に上がってくるようになり、私のほうとしても、そうした感覚を持った選手との「対話」を実りあるものにしなければなりません。映像世代の選手たちがどんな感覚で体操に取り組んでいるのかを把握したうえでアドバイスをしていくことが求められます。指導者も進歩していかなければ、選手たちを上のレベルに導くことはできませんから。

実際、映像があることで伝わりやすいことも存在します。たとえば鉄棒の離れ技がより複雑になってきたこともあり、映像を見せながらスロー、あるいは一時停止のボタンを押して、「ポイントはココ」と指導したほうがやりやすい部分はあります。映像で記憶させれば、真似をするためのスピードは上がるからです。

気をつけなければいけないのは、映像を見てしまった場合、「100%真似すること」が目的になってしまい、自分の感覚が鈍化してしまうことが考えられます。それが、指導者として注意していかなければならないポイントかな、と思っています。

ここ数年の指導を振り返ってみると、やはり自分の感覚を大切にしている選手は成長の幅が大きいのです。

指導者として大切にしているのは、練習が終わった選手と話すとき、感覚を少しでいいので引き出してみることです。ここで自分の感覚を明快に答えられる選手と、そうでない選手が出てきます。

大学時代にグッと伸びる選手は、前者です。この選手たちに共通して見られるのは、まずは自分の感覚を言語化するように努力していることです。言語化ありきで、そのあとに映像での確認が入る。その順序を大切にしている選手は、伸びているように感じます。

逆に、自分の感覚を確かめるプロセスを省き、すぐに映像から自分の演技のレビューに入る選手はどうなるか。もちろん、うまく演技ができることもありますが、技に不安定な部分が出てきてしまいがちです。演技にバラつきが出るのです。

なぜ、そのような違いが生まれてくるかというと、自分と対話をするというプロセスを省略しているため、結果の分析が甘くなってしまい、それが完成度の優劣につながってしまっているように感じるのです。

もちろん、私の考え、指導法がただひとつの正解ではありませんが、選手たちには次のようなプロセスを大切にしてほしいと思っています。

まず、練習を終えて、自分の感覚と対話してみる。

対話したうえで、その感覚を言語化し、言葉として落とし込む。

ここからはやや専門的になりますが、自分の感覚をパーツに分け、「分割して感じ取れているか」を確認します。技はひとつの流れの中で実施されますが、技術に関しては分解が可能で、一瞬、一瞬の感覚が言語化できるのです。

たとえば、跳馬ならば助走から踏み切り、そして着手までの短い時間にも感覚は存在します。それを場面ごとに分解し、感じることができるのか。そして感じたことを言語化する能力があれば成長につながっていきます。

そのうえで、はじめて自分の演技、練習を映像で確認して、より正確な言葉へと置き換えていく。その作業を惜しまなければ、成長のチャンスは大きく広がります。

また、トップ選手になってくると、器具への対応も必要になってきます。体操の面白いところは、製造するメーカーによって器具の個性が違うことです。

体操の統括団体である国際体操連盟は、器具についての規定を定めており、世界各国の製造業者はその規定に則って作るわけですから、大きな違いは出ないように思えます。きっと、検査するうえでは数値の違いはわずかでしょう。ところが、実際に演技する選手たちからすると、感覚がだいぶ違うのです。

２００４年のアテネオリンピックのときには、東京都北区にあるナショナルトレーニングセンター（現・味の素ナショナルトレーニングセンター）にオリンピックで使用される器具を運び込んでもらい、私たち選手は本番と同じ器具で練習を重ねていました。オリンピック本番で調整しているようでは、間に合いませんから。

こうした器具への適応でも、自分の言葉でチェックポイントを持っていれば、比較的、対応は早くできるはずです。「このパートでの感覚が少し違うから、こういうふうに対応してみよう」。演技の最中、そうした細かい調整ができる選手が最終的には上位に食い込んでいきます。感覚の言語化は、こうしたケースでも大きな武器になっていくのです。

## 映像を禁止したら、どうなるのか

感覚を磨くために、自分との対話を大切にしてほしいという話をしていると、知人からこんな提案を受けたりもします。

「今日の練習ではスマホ、タブレット禁止にして、〝感じること〟を優先したら?」

たしかに正論ではあります。おそらく、その日に限ってスマートフォンやタブレットなどのデバイスを禁止すれば、コーチと選手、あるいは選手が自分と対話する時間が増える可能性はあるでしょう。ただ、本当に自分と向き合えているかどうかは、正直、指導者のほうからはわかりません。

想像するに、デバイスを禁止したとしたら、仲間との対話は増えるはずです。「いまのどうだった?」という形になり、結局は自分との対話ではなく、人の客観的な観察を聞くことになってしまう気がするのです。

つまりは、スマホ、タブレットを一時的に禁じたとしても、結局はストレスが募るばかりで、私が求める「内省する力」や「自己洞察力」、「観察力」は簡単には磨かれていくものではないということです。デバイスの有無ではなく、個人が持っている考える力を普段から磨く。できれば中学、高校の段階から習慣化していくことがとても大切なように思います。

テクノロジーの進化によって得られるものがあり、世の中は便利になっていきます。それでも、その陰で失われていくものがあることにも、気を配らなければいけない気がします。

## コーチングの未来

言葉の重要性は、なにも専門的な指導の場に限ったことではありません。

大学の器械運動の授業で、体操経験のない大学生から「どうやったら、膝が伸びるんですか?」という衝撃的な質問を受けたエピソードを書きましたが、こうした疑問に答えるにも、やはり言葉は重要な役割を果たします。

大学ではスポーツ健康科学部の学生を相手にしているので、「大腿四頭筋に力を入れたら伸びるでしょ」という言葉をかければ理解してもらえますが、小学生から「どうやったら膝は伸びるの?」と聞かれた場合は、より丁寧に分解し伝える必要があります。小学生の場合は、自分でどの箇所で曲がっているのかがわからなかったり、本人は伸ばしているつもりでも曲がっていたりする場合があるからです。「伸ばして」や、「曲げて」という言葉だけでは、足りないこともあり得るわけで、小学生を指導する場合こそ、言葉に工夫が求められると思います。

さらに、今後の体操教育は、大学生の指導と同じように、映像と言葉をどうリンクさせるかということが大切になってきます。

ある程度の大きさがあるタブレット端末を使って指導することで、「いま、ここが曲がってたよ」と示しつつ、改善策を言葉で説明すれば効果的な指導になるでしょう。コロナ禍で、日本でも映像授業の導入が一気に進みました。器械運動では映像と実技をうまく組み合わせれば、とても相性がいいはずなので、指導が効果的になる可能性があります。

コロナ下での大学のリモート授業では、技の説明をするときにスローモーションで見せたり、何度も繰り返して見せたりすることが可能になり、知識としてはリモート授業のほうが吸収しやすい仕組みになってはいました。今後は、授業の現場でどう実技を組み合わせていくかという正解を探していくことになります。

基本、これまでは体育館での授業がメインでしたが、ひょっとしたらリモート授業の普及を受けて、体操の経験のない学生を対象にするのであれば、最初は教室で映像を使って知識を紹介してから、実技に移行したほうが効率的なのかなとも思います。

２０２０年のコロナ禍は日本の教育現場を大きく変えていますが、前向きな変化として捉えたいと思っています。

また、私自身、コーチとしてはマニュアル化をしたくないと思っています。マニュアルは過去の経験則に従って作られたものだと思います。教室で一般学生を教える一方で、オリンピック、世界選手権で戦う学生を指導する立場にありますが、世界の体操界は変化のスピードが速く、技もどんどん進化していきます。

選手は成長していく。そして私も同じように止まることなく、指導者として成長したい。その方法はマニュアル化したものではなく、選手個人に合わせたものでなければならないだろうと予想しています。

# 金メダリストの言葉を聞きながら——構成者あとがき

北京オリンピックでのこと、男子個人総合の取材に向かった。それ以前から取材する機会があった冨田さんの演技を見るためである。

冨田さんが鉄棒の演技に入る前、ふと競技会場を見渡してみて驚いた。海外の選手たちが、もれなく冨田さんのことを見ていたからだ。それだけ海外の選手たちから尊敬を勝ち得ているのか——と思うと、胸が熱くなった。

特に、北京大会の種目別の鉄棒で銅メダルを獲得したファビアン・ハンブッヘン（ドイツ）にあとで話を聞くと、「冨田の演技は最高のテキストなんだよ」と話してくれたのが印象に残っている。

１９９０年代、冨田さんがビタリー・シェルボを手本にしたように、２０００年代、世界の選手は「トミタ」を見ていた。

ところが、冨田さんは偉ぶることがない人だった。インタビューでは感情を高ぶらせることなく、淡々と質問に答えていく。体操競技はプレゼンテーション競技であり、表現力が問われるだけに、パーソナリティーも外交的な人が多い。実際、メダリストたちは明るく、話もうまい。ところが、冨田さんは20代にして老成しているような雰囲気さえ漂わせていた。

しかし、言葉には「実」があり、力強かった。２００５年、次の言葉を聞いたときは、感激した。

「体操とは、体を操ると書いて体操と読むわけです。体をコントロールできなければ、体操とはいえないと思うんですよ」

冨田さんの体操には、明快な理想像があった。

そして今回、その理想像に至る発想、経験を次世代につなぐことは意義深い仕事だと思った。

今回の取材を通し、そして原稿をまとめて感じたのは、「体操を見てはいても、理解してはいなかったな」ということだ。冨田さんが解説してくれる6種目の見どころの話は発見の連続で、あん馬、つり輪に多くの文字を割くことになった。きっと、読者のみなさんは「冨田観」に触れれば、何倍も体操競技の中継を楽しむことができるはずだ。

また、アテネオリンピックの男子団体総合、最後の鉄棒に挑むときの精神状態をめぐっての話は、多くのアスリートにとってヒントになるものだと感じた。オンラインで話を聞きながらドキドキしたのは、初めてだった。

取材が回を重ねるにつれ、冨田さんの表情や言葉が柔らかくなっていったのも、うれしかった。「強い人」だと思っていたが、「柔らかい人」でもあった。年齢を重ねて変わってきたのだろうか。

すっかり「体操脳」になった今年の春、原稿を書き上げた夜、入浴中にiPhoneから「あなたへのオススメ」として流れてきたオススメの曲が、なんと、ゆずの「栄光の架橋」だったときはたまげた。こんな偶然もあるんだなと、なんだか縁起の良い仕事だったなとしみじみしたのでした。

2021年5月25日

生島　淳

# あとがき

いままで自分と体操競技の関係を、こんなに誰かに聞いてもらう機会があっただろうか?

2008年に、現役選手を引退してから、自然な流れで、後進の指導をすることになり、2012年のロンドンオリンピックでは、日本チームのコーチとして参加し、その後、国際体操連盟の技術委員の任に就いた。日本チームにはアドバイザーとして関わり、体操競技のルール変更などの会議にも参加している。

一方、日々においては、順天堂大学で教鞭をとりながら、体操競技部の指導者としての生活をおくっており、体操競技と自分の関係をゆっくりと振り返るチャンスなどはなかったように思う。

今回、これまでのキャリアを振り返ってみて、体操競技は自分にとって、人格形成のうえで非常に大きな影響を及ぼしていると実感した。常に平静でいられるように、客観的に物事を見る、あるいは考えることができるようになったのは、「体操競技」という競技の特性ではないかと思っている。つまり、「自分を操る」ことを意識できるようになったのは、体操競技の世界に身を投じたからだと思う。

そう考えると、なにより、体操競技というものに出会わせてくれた両親、そして、体操競技と関わり、技が上達していく楽しさを見守っていただいた、多くの指導者の先生方に改めて感謝したいと思う。

今回の本を書くにあたり、各種スポーツ競技の取材や、アスリートのインタビューをしてきたスポーツジャーナリストの生島淳さんにご協力をいただいた。生島さんには、現役時代から何度かインタビューしていただく機会があった。現役の頃は、本文にも書いたが「歩く」ことと同時に「話す」エネルギーも使わないようにしていた気がする。生島さんは、私の重い口を開かせてくれる数少ないインタビュアーだったと思う。今回、この本のお話をいただき、インタビューの時間はとても充実していた。自分自身が気づかないような視点での質問から、自分のこれまでの考え方に気づかされる機会になった。私自身は普通に思っていることが、他のみなさんにとっては、参考やヒントになるものだという発見もあった。

企画から編集者として関わっていただいた産業編集センターの前田康匡さんにも、ここに御礼申し上げたい。

最後に、このような機会をいちばん喜んでくれたのは、家族のように思う。体操競技を中心に生活している自分を支えてくれ、また、内容にもアドバイスをくれた、妻にも感謝したい。

体操競技が、今後も多くの人に感動を与えるスポーツのひとつとして発展し、記憶に残るような名場面が作られていくことを期待している。

私もそのようなアスリートとともにスポーツに関わっていきたいと思っている。

冨田洋之

# 冨田洋之

Hiroyuki Tomita

1980年大阪府生まれ。順天堂大学准教授。8歳で体操クラブに入会し、体操競技を始める。体操の名門、洛南高校に進み、インターハイの個人総合で連覇を達成。順天堂大学に進学し、全日本学生選手権で団体総合、個人総合ともに優勝。2003年世界体操競技選手権（アナハイム）にて、団体総合、個人総合で銅メダル獲得。2004年アテネオリンピック団体決勝では、最終種目の鉄棒での最終演技者として演技し、男子団体総合で28年ぶりの金メダルを獲得。個人でも種目別の平行棒で銀メダルを獲得。2005年世界体操競技選手権（メルボルン）で個人総合優勝。2007年世界体操競技選手権（シュツットガルト）で日本人初のロンジン・エレガンス賞を受賞。2008年北京オリンピック団体総合で銀メダルを獲得後、12月に開催されたワールドカップ・マドリード大会を最後に現役引退。現在は順天堂大学にて教鞭をとりながら、体操競技部の指導者として世界に通用する選手の育成にあたる。さらに、国際体操連盟の技術委員として、日本の体操競技の技術力向上、世界での体操競技の技術情報の把握と発展も担っている。また、体操競技メダリストとして、体操教室や講演会などを通して、体操の素晴らしさを多くの人に伝える活動も行っている。

UNIVERSITY
TOKYO

# 自分を操《あやつ》る

2021年7月14日　第1刷発行

著者　冨田洋之

構成　生島 淳

装丁　金井久幸（TwoThree）

本文デザイン　横山みさと（TwoThree）

DTP・校正　トラストビジネス株式会社

写真　元田喜伸（産業編集センター）

編集　前田康匡（産業編集センター）

協力　順天堂大学（スポーツ健康科学部、体操競技部）
岩瀬史子（株式会社プラミン）

発行　株式会社産業編集センター
〒112-0011東京都文京区千石4丁目39番17号
TEL 03-5395-6133　FAX 03-5395-5320

印刷・製本　萩原印刷株式会社



ISBN 978-4-86311-306-0　C0075